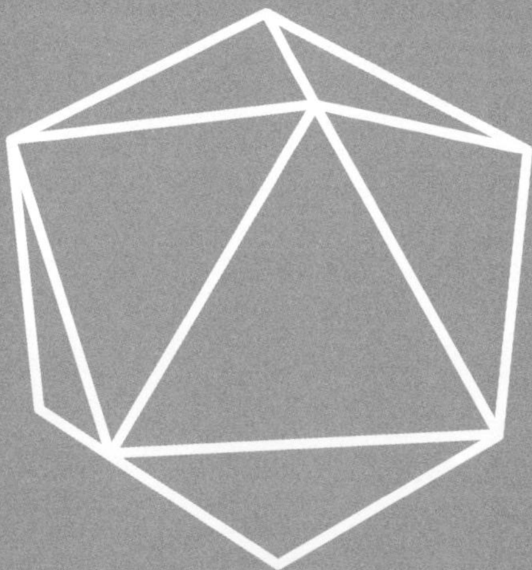

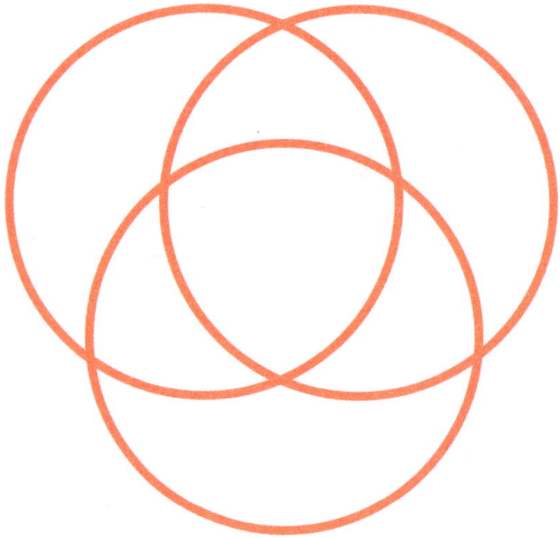

Frank Berzbach

L'ART D'UNE VIE CRÉATIVE

LES VERTUS DE LA PLEINE CONSCIENCE

J'AI PRIS PLACE DANS CE VOILIER ET JE RAME

PIERO FERRUCCI

◆

Comment passer
de rameur à navigateur,
de faiseur à créateur,
d'être dans l'impasse
à être créatif ?

NIKLAUS BRANTSCHEN

SOMMAIRE

INTRODUCTION

ENTRE QUATRE MURS OU ENTRE CIEL ET TERRE ?

Merveilleux, vous êtes là ! À bien y réfléchir, il s'agit en effet d'un événement des plus improbables. Deux êtres humains se sont rencontrés et ont fait l'amour pendant la fenêtre temporelle très étroite de la fertilité féminine. Le spermatozoïde dont vous êtes issu a été plus rapide que des millions d'autres. Dieu vous a attrapé par le col et vous a expulsé du paradis. La conception asiatique nous offre encore plus de raisons de se réjouir : comme le soulignait le bouddha, les probabilités de se réincarner en être humain sont extrêmement faibles. Aussi, dans votre vie précédente, vous avez dû être un être exceptionnel, sinon vous vous retrouveriez peut-être dans un élevage de poulets. Mais vous lisez ce livre dans l'un des pays les plus riches du monde, et vous exercez probablement l'un des meilleurs métiers qui soit dans ce monde prospère, puisque le travail créatif vous assure un revenu.

La vie, dans nombre de ses aspects, est un cadeau. Quel que soit le point de vue adopté concernant votre naissance — la biologie, le hasard, Dieu ou une vie antérieure —, votre participation, dans tous les cas, a été relativement minime. On ne vous a pas demandé si vous vouliez de cette vie. Comme l'écrivait Andy Warhol : « Naître, c'est comme être enlevé. » Nous n'avons aucun souvenir des deux ou trois premières années de notre vie, et si d'autres êtres humains ne s'étaient pas occupés de nous, nous n'aurions pas survécu. Si nous sommes encore ici, nous le devons à l'implication d'autres personnes, la plupart du temps nos parents. Ce que vous faites maintenant de votre vie, que vous travailliez ou non dans un métier créatif, vous appartient. Pas complètement, bien sûr, mais pour une large part. Certes, nous ne sommes pas toujours l'artisan de notre bonheur, mais nous sommes encore moins victimes des circonstances. Ce livre traite des domaines de la vie, de la créativité et du travail sur lesquels vous pouvez agir. Et ils sont sans doute plus nombreux que vous l'imaginez.

Malheureusement, au quotidien, nous avons tendance à oublier toutes ces évidences. Ces fondamentaux, nous y retournons quand nos enfants nous interpellent par leur curiosité, ou quand nous traversons une crise. Chaque fois que nous sommes insatisfaits de notre vie ou que les choses s'arrêtent, nous nous posons la question : comment vivre ? Depuis des millénaires, les êtres humains sont confrontés à cette question. Pour Hartmut von Hentig, les gens intelligents sont des gens qui font ce qu'ils doivent faire. Mais comment devrions-nous vivre ? Ce livre s'adresse à ceux pour qui la créativité est une forme essentielle de la vie, ou, pour paraphraser von Hentig, à ceux qui font ce qu'ils veulent ! Une des questions fondamentales de ce livre est donc : Comment voulons-nous vivre ? Posez-vous cette question sous cette forme, et vous constaterez que déjà votre point de vue change. Cette question est plus provocante, plus intelligente et plus encourageante que celle consistant à s'interroger sur le « sens de la vie ». Dans les pages suivantes, nous traiterons donc des expériences susceptibles d'être utiles aux créatifs. Pour nous en parler, nous convoquerons des philosophes, des scientifiques,

COMMENT VOULONS-NOUS VIVRE ?

des mystiques et les fondateurs des diverses religions du monde — des créatifs, chacun à leur manière. La créativité n'est pas tant un processus économique qu'un processus mental. Et l'esprit, le *spiritus* latin, ne peut être abordé sans « spiritualité ». De cet esprit émane ce que nous nommons « créativité ». Et à ce jour, en dépit de nos connaissances scientifiques, personne n'est en mesure d'expliquer de façon convaincante d'où vient la créativité. Dès lors, vous ne trouverez ici ni recettes ni modèles.

NOMBREUX SONT OPINIÂTRES EN CE QUI TOUCHE LA VOIE UNE FOIS PRISE, PEU EN CE QUI TOUCHE LE BUT

F. NIETZSCHE

Il ne sera pas question non plus des diverses techniques permettant d'améliorer sa créativité, qui peuvent s'avérer très utiles, ni des sagesses supposées des neurosciences. Le sujet est l'art de la connaissance, qui transcende les modes et les tendances. Vous accompagnerez mes tentatives de donner une nouvelle pertinence à des thèmes « démodés ». Ces tentatives vous seront utiles, tout en vous incitant à la réflexion. « Nombreux sont opiniâtres en ce qui touche la voie une fois prise, peu en ce qui touche le but », écrit Friedrich Nietzsche dans *Humain trop humain*. Je souhaite vous initier à des voies inédites — parfois anciennes et tombées à tort dans l'oubli — permettant de s'approcher du but, à savoir mener une vie créative.

Faire des pauses est essentiel pour la créativité, et celle-ci a toute sa place entre les quatre murs d'un bureau. Car la créativité recouvre bien plus que la résolution de problèmes professionnels. La vie tout court et la vie professionnelle se déroulent entre ciel et terre, ce qui laisse beaucoup de place à la création. Peut-être Franz Kafka avait-il raison : « Il y a un but, mais pas de chemin. Ce que nous nommons chemin est hésitation. »

1

LA VIE EST UN ATELIER

1

LE TUNNEL AU BOUT DE LA LUMIÈRE

Souvent, nous hésitons à prendre véritablement en charge l'organisation de nos vies. Les raisons sont nombreuses, qu'il s'agisse de craintes inavouées, de paresse ou encore de pessimisme. Il suffit de feuilleter un quotidien pour avoir le sentiment que notre planète est irrécupérable. Mais en pensant de la sorte, nous faisons nôtre la logique des médias consistant à dénoncer les scandales ou les problèmes. Or, la plus grande part de notre savoir sur le monde provient de ces médias. Par ailleurs, le pessimisme s'accroît souvent avec l'âge. Chez de nombreux artistes, les œuvres de maturité sont plus sombres que celles de jeunesse. Les tableaux de fin de vie d'Henri Matisse, débordant de couleurs vives et de joie, constituent une exception. Pablo Picasso, qui n'était pas avare de propos plutôt désobligeants envers ses confrères, considérait Matisse comme le plus grand peintre de son époque. Ce ne doit pas être sans raison ! Mais dès lors, pourquoi tant de personnes ne voient-elles que le tunnel au bout de la lumière ?

« On avait sûrement calomnié Joseph K., car, sans avoir rien fait de mal, il fut arrêté un matin. » Ainsi commence *Le Procès* de Franz Kafka. L'auteur de ce roman oppressant éclaire avec minutie la morosité de la culture bourgeoise. Un état d'esprit qui nous considère systématiquement comme coupable et qui semble envisager un processus de déclin inéluctable. Notre culture occidentale est imprégnée de l'idée du péché originel, et les églises institutionnalisées l'ont longtemps utilisée pour tourmenter psychiquement les gens et semer le doute dans leur esprit (ce qu'illustre de façon magistrale Michael Haneke dans son film *Le Ruban blanc*). Cette empreinte culturelle s'étend à tous les domaines de notre vie, et concerne tout le monde, y compris ceux qui se disent athées. Certains athées, d'ailleurs, n'ont fait que changer de dieux, qu'ils croient en la raison, en l'argent ou aux performances. Beaucoup, en fin de journée, se sentent coupables ou ne peuvent se départir d'un sentiment persistant de mauvaise conscience : ils n'ont pas réussi à faire tout ce qu'ils avaient prévu, n'ont pas gagné suffisamment d'argent, n'ont pas atteint les objectifs qu'ils s'étaient fixés, n'ont pas eu le temps de lire, etc. « Le sentiment de culpabilité est une réaction à une souffrance non exprimée et vient nourrir des attaques terribles qui sont ensuite rationalisées », écrit le chercheur en religions Michael von Brück. Le sentiment de culpabilité est une attaque dirigée contre nous-mêmes.

LE SENTIMENT DE CULPABILITÉ EST UNE ATTAQUE DIRIGÉE CONTRE NOUS-MÊMES

Lorsque nous nous sentons coupables, même sans raison, nous nous figeons. Dans le roman de Kafka, le héros, certes, s'agite, mais à la fin, c'est de son plein gré qu'il se rend au lieu d'exécution : en effet, il n'y a aucun sens à lutter contre la faute — quand bien même celle-ci n'est pas prouvée. Ce mécanisme psychologique est celui de « l'impuissance acquise » : en l'absence de possibilité d'améliorer sa situation, le sujet cesse de se défendre. Il peut alors accepter de recourir à l'électricité provenant de centrales nucléaires, consommer de la viande de filières bon marché ou conduire un 4 × 4. D'ailleurs, de nombreuses personnes en savent gré aux médias de suggérer que nous ne pouvons rien y changer. Et, de fait, le croire apporte sans doute une forme de confort psychologique. Quant à ceux qui refusent de se laisser contaminer par le pessimisme ambiant, ils sont souvent moqués et qualifiés de naïfs. Alors qu'il s'agit justement de personnes qui prennent leur vie en mains et qui sauvent notre monde du déclin.

Quiconque veut décider de sa vie doit tout d'abord chercher à voir clairement les choses, dans tous leurs aspects. La partialité mène au doute. « Beaucoup tendent à nier et à refouler les aspects négatifs, à refuser de les prendre en compte. D'autres ne voient au contraire que ces aspects négatifs. Le pessimiste déclare : “Il y a toujours deux facettes, et plus exactement deux facettes négatives.” Ainsi, tout est noir », écrit Karl Obermeyer, prêtre catholique, calligraphe et maître zen. « J'étais persuadé que le monde avait pris l'autoroute de l'enfer », explique quant à lui Brad Warner, musicien punk et réalisateur de films de monstres, et aujourd'hui l'un des maîtres zen les moins conventionnels du monde occidental. Cependant, dans l'épilogue de son livre *Hardcore Zen*, il écrit : « Le monde change. Les choses s'améliorent. [...] Cela signifie-t-il que l'on lâche prise sur son pessimisme invétéré, qu'on ignore ce qui ne va pas dans ce monde ? Non. Loin s'en faut. Voir, mettre le doigt sur ce qui ne va pas, est essentiel pour améliorer les choses. [...] On peut changer sa vie, et il est indispensable de

TOI SEUL
AS
LE POUVOIR
DE
TRANSFORMER
CE LIEU
OÙ TU VIS DÉJÀ
EN UN LIEU
MAGNIFIQUE
B. WARNER

le faire. Toi seul peux changer ta vie. Aucun gourou n'y remettra de l'ordre. Aucun maître zen ne t'indiquera le chemin. Toi seul as le pouvoir de transformer ce lieu où tu vis déjà en un lieu magnifique, dont Dieu lui-même n'aurait pu rêver mieux. »

2

LA FRUSTRATION COMME CARBURANT

Quiconque éprouve souvent de l'insatisfaction ou de la frustration devrait apporter des changements à sa vie. S'il ne le fait pas, il devient une plaie pour lui-même et son entourage. Les créatifs ont intégré cette insatisfaction du réel dans leur vie, car seul celui qui ne peut se contenter des solutions existantes, qui les trouve détestables, dommageables ou peu pratiques, se met à créer. Cette logique vaut aussi pour la vie. À ceci près que l'espace de création ne se limite plus à l'écran, à l'appareil photo ou aux produits. Généralement, les motifs d'insatisfaction sont d'une grande banalité : pas assez de temps, de liberté, d'argent (en apparence), problèmes relationnels (avec les autres et avec soi). Très souvent pourtant, il est impossible de trouver les causes concrètes, le fondement de ce sentiment d'insatisfaction. Or, dès que l'on y regarde de plus près, les problèmes n'en sont plus, ou les solutions deviennent évidentes : instaurer un autre rapport à soi ou aux choses avant de tomber malade. Changer de travail, réfléchir à la signification de l'argent, à l'importance de ses désirs, ou à nos relations aux autres. Il existe toujours des périodes difficiles dans la vie, dont nous sortons éprouvés, mais aussi régénérés. Nous devons faire face à des épreuves, que nous considérons, *a posteriori* le plus souvent, comme salutaires. Nous prenons souvent trop au sérieux notre point de vue, bien que nous ne puissions jamais avoir de vue d'ensemble de notre vie. Une parabole taoïste illustre bien la nécessité de relativiser les événements :

Un vieux paysan chinois avait pour seul bien un petit lopin de terre, pour seule fierté un fils intelligent et travailleur, pour seule richesse un cheval d'une rare puissance et d'une telle beauté que les plus nantis du pays lui en avaient offert de fortes sommes. « Jamais je ne le vendrai, répondait le vieux paysan. Je l'aime comme mon propre fils. » Un jour, il se rendit comme d'habitude à l'écurie. Il trouva la porte entrouverte, le licol cassé. Son cheval avait disparu. Son fils et ses voisins partirent à sa recherche, mais ils rentrèrent bredouilles. Pas de trace de la bête, ni dans le village, ni dans les environs. Il invita alors tous ceux qui avaient participé à cette battue à boire un thé. « Tu n'as pas de chance, dit son voisin. Ton unique bête, et la voilà perdue ou volée. — Est-ce une chance, est-ce une malchance, qui peut le dire? », répondit simplement le vieux paysan. Quelques jours plus tard, il découvrit devant sa ferme une quinzaine de chevaux sauvages. Son cheval les avait attirés avec lui en revenant de la plaine où il s'était enfui. Son voisin lui dit : « Tu as de la chance, car te voilà propriétaire de ces bêtes. — Est-ce une chance, est-ce une malchance, qui peut le savoir? » Son fils entreprit de dresser les chevaux sauvages, mais tomba sur le sol, se brisant les deux jambes. « Tu n'as pas de chance, lui dit son voisin. Ton fils va être immobilisé pour longtemps, alors que tu as grand besoin de lui. —Est-ce une chance, est-ce une malchance? Qui peut le savoir? » Quinze jours plus tard, une troupe de soldats et d'officiers fit irruption dans le village pour enrôler de force tous les hommes valides pour partir à la guerre. Tous, sauf le fils du paysan qui n'était pas encore guéri. Attristé, son voisin lui dit : « Tu as de la chance, car ton fils ne doit pas partir faire cette sale guerre. On ne sait pas dans quel état nos enfants vont en revenir. — Est-ce une chance, est-ce une malchance, dit le paysan. Qui peut le dire? » Quelques mois plus tard, la guerre se termina. Certains n'en revinrent pas. D'autres rentrèrent, couverts de gloire et chargés d'un riche butin. « Tu n'as pas de chance, dit le voisin, ton fils n'est pas revenu riche de la guerre. — Est-ce une chance est-ce une malchance? Qui peut le savoir? », répondit le vieux paysan.

Notre perception s'articule sur trois niveaux : la perception sensorielle d'un événement, son interprétation et, enfin, les émotions suscitées par cet événement. En lui-même, l'événement n'est souvent ni bon ni mauvais; il est. Il pleut. Différentes interprétations de cet événement indiscutable sont possibles : on peut se réjouir de ne pas avoir à arroser les fleurs du jardin. On peut déplorer de ne pas pouvoir prendre le thé dans le jardin. Les sentiments éprouvés découlent de notre interprétation — et non de l'événement lui-même. Le vieil homme reste serein parce qu'il évite d'évaluer les événements avec trop de précipitation. Comme les trois niveaux de perception se succèdent rapidement, nous cherchons le plus souvent dans l'événement lui-même les raisons de notre mécontentement. Or, ces événements ne sont rien d'autre que des événements, dépourvus d'intentionnalité. Le monde ne s'intéresse pas à nous, nous ne sommes pas visés personnellement. « Ne rien

EN LUI-MÊME, L'ÉVÉNEMENT N'EST NI BON NI MAUVAIS : IL EST

prendre personnellement ! » est une règle du bouddhisme zen. Si le train est en retard, ce n'est pas parce que la SNCF a décidé de vous contrarier. D'ailleurs, vous vous réjouiriez de réussir à le prendre si vous étiez vous-même en retard !

NE RIEN PRENDRE PERSONNELLE-MENT !

3

LES LUTTES DU QUOTIDIEN

La parabole chinoise traite d'événements particuliers. Mais ceux-ci ne suffisent pas toujours à expliquer l'ensemble de notre malheur. Notre désir de changement concerne surtout le quotidien. « Le quotidien est l'état d'exception qui est devenu la règle », écrit le philosophe allemand Wilhelm Schmid. Souvent, les créatifs savent très exactement de quel quotidien ils ne veulent pas : une ambiance de travail étriquée, avec ses horaires bien définis, l'attente des ponts et des congés annuels, un peu de sport pendant le temps libre,

LE QUOTIDIEN EST L'ÉTAT D'EXCEPTION QUI EST DEVENU LA RÈGLE

W. SCHMID

le cinéma le week-end pour voir les mêmes films que tout le monde, regarder la télé les soirs de semaine, sans oublier la répartition traditionnelle des rôles entre l'homme qui travaille et la femme au foyer. Ce mode de vie n'est pas celui des créatifs. Pourtant, l'alternative absurde tourne aussi le plus souvent au cauchemar : un couple dans lequel les deux partenaires sont sans enfants et travaillent, les réseaux sociaux en lieu et place de liens sociaux, la collecte d'œuvres d'art comme signe extérieur de richesse, des heures de travail indéfinies (et dès lors plus de temps libre ni de congés), plus aucun centre d'intérêt en dehors du travail, et plus de prise en charge d'une quelconque responsabilité sociale. Sans oublier, en arrière-plan, l'angoisse, omniprésente, de mal faire. C'est ainsi que vivent les créatifs aujourd'hui.

Le quotidien constitue le domaine de la vie en apparence le plus évident. La plupart du temps, il s'instaure progressivement, jusqu'à déterminer de plus en plus d'éléments, quitte à paraître étouffant. Pourtant, nous avons besoin d'habitudes et de routines pour donner du rythme à la vie et retourner à notre « camp de base » après les luttes du quotidien. « Dans la confusion menaçante du monde, le quotidien apparaît comme un antre sûr, protégé par la familiarité des habitudes, que viennent rompre occasionnellement des événements inhabituels, recherchés ou non, mais qui, inévitablement, par la répétition et la régularité, s'intègrent eux aussi à ce quotidien », constate le philosophe de l'art de vivre Wilhelm Schmid. Dans nos sociétés prospères, le caractère potentiellement dangereux et menaçant du monde se manifeste dans des tendances psychologiques inquiétantes, comme celles du *cocooning* ou, à un degré plus extrême, la forme pathologique du *hikikomori* au Japon. Là-bas, des jeunes ne quittent plus leur chambre chez leurs parents, pendant des années parfois, et évitent tout contact avec les autres.

4

LES PROBLÈMES INSOLUBLES DU QUOTIDIEN

Le quotidien se caractérise par des phénomènes qui continuent de défier la société postmoderne, les technologies et la médecine modernes. On peut faire la vaisselle tous les jours, passer l'aspirateur toutes les semaines, faire la lessive et les courses dès que nécessaire. Pourtant, bientôt, le réfrigérateur est de nouveau vide, les chemises sales et la poussière de retour. Un nouveau rhume, et nous refaisons notre stock de mouchoirs en papier. « Toute vie est résolution de problèmes », énonce le philosophe Karl Popper, mais c'est sans compter le quotidien. « Le cuisinier zen ne croit pas aux utopies. Des problèmes vont continuer à se poser, dans notre vie personnelle et dans la société. La tâche incombe au cuisinier de préparer un repas et de faire ensuite la vaisselle. On pourrait penser que faire la vaisselle résout le problème de la vaisselle sale. Mais c'est faux, car nous allons prendre un autre repas. Le travail du cuisinier zen est de faire à manger et de faire la vaisselle. Ce processus est sans fin », écrit Bernie Glassman, travailleur social et maître zen.

Au quotidien, la contrainte règne en maître, même dans le monde éclairé. « Le foyer n'est pas le règne de l'autonomie, mais celui de l'hétéronomie, dominé par la constellation fortuite des choses [...], dans le désordre duquel [nous] avons toutes les peines du monde à dégager des îlots de loisir et d'activités librement choisies », écrit Wilhelm Schmid. Si nous allons au cinéma et lisons des romans, c'est sans doute parce que les protagonistes à l'écran et sur le papier ne vivent pas ces contraintes. Ils mangent, mais ne font jamais la vaisselle ; ils vont travailler, mais semblent considérer cette activité comme accessoire ; ils ne vont pas non plus aux toilettes, et ne sont jamais sales. Dans les films, les événements triviaux agrémentés d'une musique dramatique deviennent automatiquement glamour. Les castings et les magazines confèrent un éclat visible à la banalité.

Comment apporter un peu de créativité dans cet enfer de contraintes ? Comment disposer de la forteresse sécurisée sans désespérer de son entretien ? Le budget du foyer se gère au quotidien et constitue parfois un âpre sujet de discussion dans les couples ou entre colocataires. Pourtant, nous nous interrogeons rarement sur sa gestion. Nous ne prenons pas conscience qu'il nous a aussi fallu apprendre — ou, s'agissant de nombreuses personnes, qu'elles n'ont pas appris — à tenir ce budget. Comment un sujet aussi chronophage et source d'autant de problèmes peut-il être aussi peu discuté ? Comme si le quotidien était seulement source de désagréments. Or, le degré avec lequel nous nous y accrochons ou dont nous avons besoin de lui devient manifeste lorsqu'il vient à manquer ou qu'il est mis en danger ; ainsi, un déménagement ou le départ des enfants constituent de gros « accidents ». Et comme nous vivons dans une société différente de celle de nos parents, il nous est impossible de suivre leur exemple.

Thérèse d'Avila, religieuse et mystique espagnole, semble avoir perçu la charge que représente le quotidien. Alors que d'autres se soucient de bâtir de grandes cathédrales ou débattent de subtilités théologiques, elle perçoit ce qui, au quotidien, nous épuise : « Souvenez-vous que le Seigneur marche parmi les pots et les casseroles, qu'il est à vos côtés dans les tâches intérieures et extérieures. » Le bouddhisme est très fortement orienté vers le quotidien, et beaucoup qualifient le zen de « religion des actions quotidiennes ». Le maître zen vietnamien Thich Nhat Hanh recommande de considérer les tâches domestiques comme un exercice de pleine conscience. « En faisant la vaisselle, vous pensez peut-être au thé que vous allez vous préparer ensuite, et vous essayez de vous en débarrasser le plus rapidement possible, afin de vous asseoir tranquillement et de boire votre thé. Cependant, cela signifie que, pendant le temps où vous faites la vaisselle, vous ne vivez pas. Lorsque vous faites la vaisselle, faire la vaisselle doit être la chose la plus importante dans votre vie. Et quand vous buvez un thé, boire ce thé doit être la chose la plus importante au monde. »

Certaines tâches deviennent une plaie dès lors que nous les considérons comme un obstacle à autre chose. Mais une fois cette autre chose atteinte, nous ne pensons plus qu'à la suivante. Pendant le petit déjeuner, nous pensons au train que nous devons prendre en nous demandant s'il sera à l'heure, puis, dans le train, nous réfléchissons à la première chose que nous ferons une fois arrivés au bureau, et en faisant cette première chose, nous avons en tête le déjeuner à venir... Une fois le travail terminé, nous songeons à la journée du lendemain. Le thérapeute comportementaliste Andreas Knuf ajoute : « Être stressé

—

CERTAINES TÂCHES DEVIENNENT UNE PLAIE DÈS LORS QUE NOUS LES CONSIDÉRONS COMME UN OBSTACLE À AUTRE CHOSE

—

signifie que nous aimerions nous trouver à un autre endroit que celui où nous sommes en cet instant. » Même les loisirs sont gouvernés par des engagements et des rendez-vous. Ce qui ne s'explique que pour une très faible part par la confusion croissante du monde dans lequel nous vivons et l'augmentation du nombre de possibilités. Les bons jours, nous pouvons savourer ces libertés extérieures, parce que nous nous sentons libres à l'intérieur de nous. Mais quand le parasitage mental est trop intense, quand notre tête est trop chargée, nous ne cessons de penser à ce qu'il nous reste à faire. À une chose, puis à la suivante. Très souvent, nous imputons notre stress à la quantité de choses à faire. En y regardant de plus près, nous constatons alors que nous souffrons principalement d'une trop grande activité mentale ; sans cesse quelque chose nous passe par la tête. Nous nous sentons fébriles, sur les nerfs, agités, et nous ne parvenons pas à nous ménager des moments de pause. En proie à la nervosité, nous commençons une chose pour l'arrêter très vite et passer à la suivante. Les interactions du quotidien se déroulent de façon totalement automatique, comme si nous en étions « absents », écrit Andreas Knuf.

Mais revenons-en aux tâches ménagères, auxquelles Bernie Glassman accorde une grande importance. Dans la lignée d'un grand classique du bouddhisme zen, il a intitulé son livre *Comment accommoder sa vie à la manière zen.* « D'habitude, lorsque nous voulons nous lancer dans un nouveau projet, que ce soit une nouvelle activité professionnelle, une nouvelle relation ou une nouvelle vie, nous sommes pressés. Nous voulons nous y jeter à corps perdu, et faire quelque chose, n'importe quoi. Mais le cuisinier zen sait que nous ne pouvons préparer un repas si la cuisine est encombrée de la vaisselle de la veille. Pour distinguer les ingrédients déjà disponibles dans notre vie, nous devons faire de la place. » De ce point de vue bouddhiste, tous les changements, toutes les tâches commencent par un nettoyage ! Ordre et nettoyage jouent un rôle décisif — et non dans cet aspect extraordinaire que nous cherchons ou que nous attendons, mais de façon tout à fait concrète, à savoir l'ordre dans notre foyer et au bureau. « Dans nos vies, c'est la même chose : de même que nous rangeons la cuisine avant de commencer à préparer un repas, il est utile de débuter la journée en nettoyant notre esprit », écrit Glassman.

Ainsi, dès lors que nous nous intéressons aux tâches en apparence insignifiantes, il est possible de changer la vie. Du point de vue du zen, il n'existe en règle générale que des « petites choses », mais celles-ci ne sont pas mineures. Leur prise en compte n'est pas sans conséquences, comme l'explique Brad Warner : « Les principaux problèmes auxquels nous sommes confrontés ne sont rien d'autres que des grands tas très laids de problèmes beaucoup plus petits et triviaux. Or, en fin de compte, nous nous occupons de ces grands problèmes en s'attelant à la résolution des petits. Naturellement, il nous faut résoudre quelques-uns de ces grands problèmes avant qu'ils aient raison de nous. Néanmoins, dans ce domaine aussi, il nous faut procéder étape par étape et nous montrer assez souples pour changer de stratégie si les choses ne se passent pas comme prévu. » Notre esprit est peut-être encombré de questions existentielles, professionnelles, ou encore de cette vaste question du sens de la vie. Nous souffrons trop des problèmes qui se passent à l'autre bout du monde, ou dans le pire des cas, nous sombrons dans un pessimisme apathique, ce qui ne nous permet même plus de mettre de l'ordre dans notre petite sphère d'influence, entre cuisine et armoire, ni de nous entendre avec notre conjoint, nos voisins ou nos collègues. Or, l'art de vivre commence chez nous, directement sous notre nez. Tout le reste n'est que projections et fantasmes. « Est souverain celui qui sait gérer le

SOUVENT, NOUS NE PRÊTONS PAS ATTENTION AUX « PETITES CHOSES » quotidien », écrit Wilhelm Schmid. Souvent, nous ne prêtons pas attention aux « petites choses » : lisez-vous ce livre dans un appartement rangé ? Êtes-vous assis droit ? Avez-vous fait le ménage dans votre tête ?

5

LA VIE COMME ART DE VIVRE

Pourquoi sommes-nous ainsi désireux de façonner notre vie ? Wilhelm Schmid nous rappelle que la réponse à cette question n'a pas varié depuis deux mille ans. « En raison de la brièveté de la vie. [...] Ce dont nous sommes redevables à la mort, [...] est la limitation de la vie. Si cette frontière n'existait pas, la forme que prendrait la vie serait sans importance », écrit-il dans sa *Philosophie der Lebenskunst*. Quand bien même aujourd'hui tout nous semble incertain, nous avons néanmoins une certitude, celle de mourir. Dans son passionnant roman intitulé *Tous les hommes sont mortels*, Simone de Beauvoir décrit à quel point le quotidien de l'immortalité serait vide de sens et de joie. Et même les représentations les plus populaires de l'immortalité, à savoir celles des vampires, incluent la possibilité de mettre un terme à la vie dans un monde intermédiaire. Même le comte Dracula et la plupart de ses successeurs meurent à la fin. Ou, du moins, ils ont la possibilité de se tuer. Sinon, comment raconter ces histoires ?

Jusqu'au Moyen Âge tardif, la mort n'était qu'un repère chronologique d'une représentation temporelle qui s'étendait jusqu'à l'éternité divine. L'âme était immortelle, seul le corps devait attendre le Jugement dernier. Les Lumières ont entamé cette éternité, et ne subsiste plus qu'une durée de vie très courte, soumise au temps. Dans le monde moderne, selon Wilhelm Schmid, l'être humain devient une créature devant choisir. Cette liberté de choix, remportée de longue date, s'est transformée aujourd'hui en nécessité de choix. Nous sommes condamnés à la liberté, pour reprendre la thèse accablante de Jean-Paul Sartre. Et le verdict ne se fait pas attendre : nous sommes contraints de choisir. Très souvent, nous ne sommes pas en mesure de le faire, et dès que nous avons pris une décision, celle-ci exclut fatalement les autres. Ainsi, ce cadre nous amène à comprendre que la vie ne se vit pas simplement d'elle-même, du simple fait de notre présence sur terre. Toute tentative pour modeler sa vie s'apparente aujourd'hui à une forme d'art : l'art de vivre. Du moins, quand nous aspirons à mener une bonne ou belle vie. Nous évoluons tous les jours dans un monde où nombre de personnes semblent sûres d'elles-mêmes et paraissent aller bien et réussir ce qu'elles entreprennent. C'est à tout le moins l'impression qu'elles nous donnent. Quant à savoir si elles se sentent vraiment bien ou quels sont les coûts de ce faux *self*, c'est une autre histoire. Cependant, Wilhelm Schmid tord le cou à une idée reçue : la vie bonne ne doit aucunement être une vie agréable ou couronnée de succès. Ainsi, une vie bonne est avant tout une vie bien menée. Il convient de temps à autre de se rappeler l'origine de l'art de vivre, à savoir la mortalité,

> NOUS SOMMES CONDAMNÉS À LA LIBERTÉ
>
> J.-P. SARTRE

recommandent les maîtres zen. Ces derniers nous enjoignent de toujours considérer notre vie du point de vue de la mort. « Celui qui réfléchit à la vie à partir de la mort ne se trompera pas », écrit le maître zen Kodo Sawaki.

6

CHOISIR SA VIE

Mais ce n'est pas aussi simple qu'on le pense. « Nous ne sommes pas des metteurs en scène de l'ombre, et nous tirons les fils de notre drame intérieur », écrit le philosophe et écrivain suisse Peter Bieri. Nous n'avons pas toujours prise sur ce que nous pensons, et nous ne savons pas toujours ce que nous voulons. Il peut arriver que les habitudes du quotidien masquent nos rêves ou que, dans les périodes de crise, le stress fausse la perception de nos sentiments. Nous aimerions bien actionner le siège éjectable, mais nous n'avons pas la moindre idée du lieu où nous aimerions atterrir. Certes, nous parvenons à déterminer assez vite ce qui nous dérange et ce qui nous entrave, mais beaucoup plus lentement ce que nous aimerions à la place. Très souvent, le processus nous permettant de définir ce que nous voulons est très laborieux. Nous sommes alors confrontés à une loi inexorable de la vie : « Étrange destinée de l'homme, que non seulement l'impossible, mais le possible même, lui soit si souvent refusé ! », écrit Johann Wolfgang von Goethe. Nous n'avons pas conscience d'être en train de courir autour d'une colonne en criant : « Laissez-moi sortir ! » Et justement, pour sortir de cette situation, il est nécessaire de recourir à ce qui, parfois, nous fait défaut : « L'autonomie nécessite le sens du possible, et donc l'imaginaire et l'imagination », écrit Bieri. Les créatifs sont donc avantagés, mais moins qu'on le pense. Car ce qui, sur l'écran d'un ordinateur, peut sembler ingénieux ne l'est pas nécessairement dans la vie. Malheureusement, l'ingéniosité se limite souvent à de petites portions de l'existence. Et, parfois, les interviews ou les tables rondes donnent surtout à voir la vanité de certains créateurs géniaux. « Nos croyances sont parfois erronées. Nous avions de nous l'image d'une personne ouverte, avec un sens marqué de la justice, et, à la faveur d'un événement, nous découvrons, effrayés, que nous avons des tendances chauvines et que nous tenons à nos privilèges », écrit Bieri. La voie menant à une vie créative s'ouvre donc par la volonté d'introspection. « Se reconnaître soi-même est également une façon de se déterminer. La connaissance de soi est intimement liée à l'autodétermination. » Pour y parvenir, les créatifs mettent généralement à profit leur travail, qui à certains égards a pu être source de souffrances. Car il est nécessaire d'exprimer ce que l'on a ou que l'on observe en soi — l'expression créative est l'expression de la vie. Là encore, Bieri balise le chemin : « Celui qui n'exprime pas ce qu'il est passe à côté d'une opportunité de se reconnaître lui-même. » Chez les créatifs, cette expression intervenant dans un cadre professionnel, il est donc nécessaire d'élaborer, outre un art de vivre, un art de travailler.

> CELUI QUI N'EXPRIME PAS CE QU'IL EST PASSE À CÔTÉ D'UNE OPPORTUNITÉ DE SE RECONNAÎTRE LUI-MÊME
>
> P. BIERI

2

L'ART DE TRAVAILLER

1

COMMENT GAGNER SA VIE

Dans son essai *Le Mouvement Arts and Crafts*, Oscar Lovell Triggs écrit : « Personne ne désire être libre de tout travail, mais tout le monde aspire à être libre et à être son propre maître dans son travail. » Ces lignes possèdent un caractère intemporel. Ce sont les espaces de création qui nous rendent créatifs, et le cadre qui nous donne de la sécurité. Le travail est nécessaire au maintien de la vie, mais dès que le revenu de base est couvert — et chez les créatifs, celui-ci se situe souvent près du seuil de pauvreté —, d'autres motivations entrent en ligne de compte. Au premier plan se trouve la mission personnelle, un contrat avec soi-même. Osons avancer le postulat suivant : la créativité devient un mode de vie quand l'argent ne constitue plus la motivation principale. À l'ère des industries culturelles, la capacité de distanciation par rapport à la consommation constitue souvent le prérequis à un travail créatif.

De prime abord, l'histoire des relations entre argent et créativité est une tragédie. Les revenus n'ont qu'un rapport limité avec le talent, sinon Wolfgang Amadeus Mozart, Franz Schubert ou Vincent Van Gogh n'auraient pas été enterrés comme des indigents. Pour les créateurs du domaine de l'art et de la culture, la décision radicale en faveur de la créativité marque souvent, au début tout du moins, l'entrée dans une relative pauvreté, comme le montrent les statistiques économiques. Sur le plan personnel, les créatifs semblent assez ambivalents sur cette question. D'une part, ils souffrent souvent de leur pauvreté et recourent à des emplois alimentaires pour gagner leur vie. Contre le manque de reconnaissance, beaucoup se cuirassent par l'orgueil, notamment ceux qui manquent d'enthousiasme et de talent. D'autre part, cependant, ils ont beaucoup de mal à gérer la richesse. Il suffit pour s'en convaincre de repenser aux nombreuses victimes de la drogue et du suicide qui jalonnent l'histoire de l'art : l'argent et le succès n'empêchent pas la souffrance. Il convient de se pencher sur les aspects artistiques du travail, car trois cœurs battent dans la poitrine d'un créateur. Celui-ci est en effet prestataire de services, artisan et artiste — la création est de l'art appliqué. Dans l'aspect prestation de services, les aptitudes commerciales et en communication sont essentielles. L'artisanat quant à lui nécessite un savoir-faire technique et de la pratique. La créativité, elle, se situe sur le plan artisanal, mais avant tout sur le plan artistique.

L'argent exerce une influence positive lorsque l'on n'a pas à y penser. Trop ou trop peu d'argent suscite rapidement des interrogations existentielles. Pour les créatifs se pose le plus souvent la question de l'indépendance de leur activité créative par rapport à la reconnaissance financière. Nombreux sont ceux qui ne souhaitent pas assurer leur subsistance par leur activité artistique, car ils ont conscience que les soucis financiers les contraignent à une certaine forme de « prostitution ». La situation n'est pas la même lorsqu'il s'agit de peindre un tableau, d'écrire un texte ou de réaliser une série de photos pour exprimer ses propres représentations ou pour payer son loyer. Les œuvres d'art majeures ont été créées sans considération pour les modes, les goûts du public ou les exigences du marché. Raison pour laquelle, par exemple, des auteurs très célèbres continuent d'avoir une autre activité. Ainsi, W. G. Sebald était professeur d'université, Walter Kempowski professeur des écoles et Norbert Scheuer travaillait comme programmeur. De nombreux cinéastes, de David Lynch à Wim Wenders, gagnent de l'argent en réalisant des spots publicitaires. Il n'est pas toujours pertinent d'assujettir l'expression d'une passion artistique à la nécessité de gagner de l'argent. D'une part, pour ne pas dépendre de l'humeur des clients, des commanditaires et des critiques et, d'autre part, pour continuer à être en contact avec le vivier de vécu que constitue le monde réel, et pas uniquement faire ces expériences devant son bureau ou dans les galeries. Ce déficit d'expériences se remarque vite dans les créations artistiques. S'éloigner de temps en temps de son atelier peut être une source d'inspiration, comme dans le cas de l'enseignement (à l'école ou à l'université) ; cela peut être équilibrant et enracinant, comme dans le travail social, les emplois dans la gastronomie ou encore le travail de coursier à bicyclette. Mais dans le pire scénario, le travail alimentaire s'avère seulement épuisant — ou du moins, c'est ainsi qu'il est perçu. Dans ce domaine, l'exemple le plus célèbre est peut-être celui de Franz Kafka, qui travaillait à mi-temps comme juriste dans une compagnie d'assurances spécialisée dans les accidents. Mais même un mi-temps était trop coûteux pour lui, comme il s'en plaint dans son journal intime. Pourtant, il est très intéressant pour les créatifs d'avoir des sphères d'expériences autres que celles de leur studio. Car il est possible d'apporter créativité et compétences à des domaines qui semblent en apparence peu créatifs. Même les textes juridiques de Kafka, dans lesquels il décrit avec soin des accidents du travail, ont une valeur littéraire. Joseph Beuys recommandait à ses étudiants de se constituer impérativement des expériences dans des professions non artistiques. Son idée de la société comme sculpture sociale, à laquelle nous devrions tous coopérer de façon créative et artistique — et non destructive ! — annule les distinctions entre art, création et monde du travail. Pour Beuys, est artiste celui qui travaille de manière créative, et pas nécessairement celui qui peint un tableau. Pour lui, au centre de l'art se trouvent l'être humain et sa capacité à créer. Cette extension radicale du concept d'art peut entraîner un changement bienvenu de la perception de « travail alimentaire ». Avec cette conception élargie de l'art, il n'existe pas « d'activité secondaire », mais uniquement la distinction entre action créative et non créative, quel que soit le lieu où elle s'exerce : soins de la personne, artisanat, bureau ou atelier.

CETTE EXTENSION RADICALE DU CONCEPT D'ART PEUT ENTRAÎNER UN CHANGEMENT BIENVENU DE LA PERCEPTION DE « TRAVAIL ALIMENTAIRE »

Il n'en demeure pas moins que, pour les créatifs, la question de l'argent est souvent un motif de plainte. Car quoi que l'on fasse, il faut de l'argent pour couvrir ses besoins. Les créatifs pêchent souvent par idéalisation, en croyant que la qualité s'impose nécessairement. Certes, cette conception n'est pas totalement erronée, mais elle cache une réalité sociale terrible : souvent, les créatifs ne perçoivent pas que le développement d'une carrière n'est pas concomitant au développement de compétences. Ils améliorent leurs compétences, mais perdent de vue leur commercialisation. Même pour ceux qui ne veulent pas se préoccuper des aspects financiers, le manque d'argent n'est pas sans conséquences. Car un succès financier qui se fait attendre ou n'arrive pas déteint sur l'image de soi. Créer une bonne illustration et la vendre nécessitent des compétences totalement différentes. Il est naturel et compréhensible que les créatifs concentrent toute leur attention sur « l'œuvre ». Néanmoins, un peu d'habileté commerciale ne nuit pas à la créativité, et permet de faire connaître au monde des créations de bonne qualité.

Malheureusement, beaucoup associent encore trop succès et valeur. Ainsi, seuls ceux qui réussissent seraient créatifs. Cette conception est liée au prestige, mais nullement aux aptitudes ou à la créativité. Lorsque la réussite est au rendez-vous, réjouissons-nous. Lorsqu'elle ne l'est pas, il convient certes de s'interroger, mais cette absence de réussite peut aussi ne rien signifier. De nombreux artistes n'ont connu la célébrité ni de leur vivant ni des dizaines d'années après leur mort et sont aujourd'hui incontournables. Chez les artistes célèbres, nous ne voyons souvent que l'aboutissement et jamais le long chemin cahoteux jusqu'au succès. Ainsi, les créatifs ont besoin d'une vertu rare : l'endurance. En outre, il faut garder à l'esprit que la réussite financière ne constitue que l'une des formes de la reconnaissance. Cependant, la pauvreté n'est pas non plus une preuve d'aptitudes créatives. Se sentir méconnu et être méconnu sont deux choses différentes. Mieux vaut ne pas devenir trop dépendant de l'argent ou se montrer trop dépensier lorsque notre compte en banque est plus garni. La réussite commerciale peut disparaître aussi rapidement qu'elle arrive. Et elle peut aussi arriver lorsque la valeur créative est faible ! La création est également affaire de tendances ; celles-ci sont parfois éphémères… et les créateurs aussi.

Malheureusement, l'argent est un sujet tabou, dont parlent peu les créatifs. À moins que l'aisance serve au prestige. Les créatifs ont souvent de beaux appartements, des vêtements de qualité, des studios ; ils partent en déplacements ou en voyages pour assister à des conférences et des expositions — ou ils ne peuvent rien se permettre de tout cela. Il serait absurde de nier l'importance de ces éléments. Passe encore qu'il faille généralement se serrer la ceinture pendant ses années d'études, mais vivre avec peu de moyens toute sa vie durant, peu sont prêts à l'accepter. Celui qui veut avoir une famille se retrouve confronté à de nombreux problèmes financiers. Il faut du courage pour prendre conscience de ses besoins et de ses attentes, même lorsqu'ils s'écartent de ces deux archétypes que constituent le poète pauvre et le prince des poètes. Pour la plupart des créatifs, la bonne vie se trouve quelque part entre les deux. Nombreux sont ceux qui mènent une vie quotidienne et une vie professionnelle totalement normales, quand bien même les médias préfèrent parler des excentriques. Johann Sebastian Bach, Johann Wolfgang von Goethe, Emmanuel Kant, Joan Miró ou Thomas Mann menaient une vie rangée, et leur quotidien de créateur n'avait rien de spectaculaire. Le matin, ils se levaient et suivaient un emploi du temps régulier, défini par une somme de travail à accomplir. « Nécessité est mère d'invention », dit l'adage, certes avec pertinence, à condition toutefois qu'elle se limite à certaines périodes, et non qu'elle s'applique à la totalité de la vie — et pas uniquement à l'argent.

Le rapport des créatifs à l'argent n'est pas celui d'une tragédie. Dans les sociétés riches du monde occidental, aucun créateur ne meurt plus de faim. Certes, la pauvreté existe, mais elle est relative. Être créatif est (encore) une question de besoins matériels. Celui qui, à côté, doit beaucoup travailler devrait chercher un emploi qui lui permette de vivre. « Travailler, c'est dur, pénible et morne ; mais ne pas travailler, c'est l'enfer », écrit Thomas Mann. La raison pour laquelle nous exerçons une activité créative a peu à voir avec l'argent. Et, de la même manière, pas grand-chose à voir non plus avec des motivations rationnelles. Après plusieurs mois passés dans un monastère trappiste, c'est le constat que tire Henri Nouwen, professeur de psychologie et écrivain catholique, qui jusqu'à la fin de sa vie s'est posé de constants défis.

TRAVAILLER, C'EST DUR, C'EST PÉNIBLE ET MORNE ; MAIS NE PAS TRAVAILLER, C'EST L'ENFER

T. MANN

Dans son journal, rédigé pendant sa retraite dans un monastère et intitulé *Un étranger au paradis*, il écrit ainsi :

« Si je vois trois oranges, il faut que je jongle. Et si je vois deux tours, il faut que je marche. » Cette phrase remarquable a été prononcée par Philippe Petit, le funambule, en réponse à un policier qui lui demandait pourquoi il avait marché (à 7 heures 50 du matin) sur une corde projetée avec une arbalète d'une des tours du New York World Trade Center à l'autre. En voyant les deux tours de Notre-Dame de Paris, il avait fait la même chose. « L'art pour l'art », voilà la philosophie de cet artiste de la corde raide. Aujourd'hui, j'ai pensé plusieurs fois à Philippe Petit, cet homme admirable. Sa réponse à la police est remarquable et mérite d'être méditée longuement. Nous voulons toujours obtenir des réponses à des questions impossibles. Pourquoi aimez-vous cette femme ? Toute explication est généralement ridicule. Parce qu'elle est belle ? Intelligente ? Parce qu'elle a un drôle de bouton sur le nez ? Les réponses n'ont pas grande signification. Pourquoi êtes-vous devenu prêtre ? Parce que vous aimez Dieu ? Parce que vous aimez prêcher ? Parce que vous n'aimez pas les femmes ? Pourquoi êtes-vous moine ? Parce que vous aimez prier ? Parce que vous aimez le silence ? Ou que vous aimez cuire le pain sans que l'on vous dérange ? Il n'a pas de réponses à ces questions. [...] Il y a une pulsion intérieure, une incitation, un appel qui répond à toutes ces questions qui dépassent l'explication. Tous ceux qui demandent à un moine pourquoi il est entré au monastère ne reçoivent jamais de réponse satisfaisante. Pas plus que les enfants ne nous donnent d'explications lorsque nous leur disons : « Pourquoi jouez-vous à la balle ? » Ils savent qu'il n'y a d'autre réponse que : « Si je vois une balle, il faut que je joue. »

Ce chemin, c'est aussi celui suivi par Joseph Beuys. Ardent défenseur de la liberté et de la créativité, il s'interroge sur ce qui nous motive encore, une fois cette liberté obtenue. Il rejette à la fois l'argent et les contraintes, pour finalement ne retenir que « l'amour de la chose ». Là se trouve la genèse de la réalisation créative.

2

TRAVAILLER, TU DEVRAS !

L'activité rémunératrice profane ne figure pas de façon explicite dans la philosophie de l'art de vivre et dans les préceptes des principales religions. Pourtant, ces traditions philosophiques et chrétiennes imprègnent encore aujourd'hui le quotidien professionnel occidental. Dans l'Église ancienne, seules quelques professions étaient considérées comme incompatibles avec le christianisme, religion de l'amour et de l'amour du prochain. À l'époque moderne, le travail semble ne perturber que les plans les plus profonds de la vie ; les pensées élevées, la culture et la religion n'ont droit de cité qu'après les heures de travail. Dès lors, dans le monde occidental aujourd'hui, des personnes qui travaillent dans l'industrie de l'armement ou dans l'abattage d'animaux peuvent se considérer comme chrétiennes. Les églises se rendent coupables d'une interprétation unilatérale du commandement « Tu ne tueras point », de par cet ajout tacite : « sauf au travail ». Dans la morale protestante, ne pas travailler était considéré comme une faute. Pour Luther et Calvin, le travail était une forme de culte. Aujourd'hui encore, cette idéologie continue de nous influencer : la société du faire produit une incapacité à l'oisiveté. Déjà, pour Emmanuel Kant, « le penchant au repos sans travail préalable est dans tout état paresse ». Aujourd'hui, cependant, certains continuent de se sentir paresseux s'ils se reposent après avoir travaillé. Même si « repos » n'est pas censé signifier somnoler devant la télé ni se dépenser à fond dans un cours de zumba.

Impossible aujourd'hui pour les personnes axées sur l'efficacité de paresser l'esprit tranquille. Même quand le compte bancaire montre un solde positif, le surmoi ne laisse aucun répit. L'inactivité mène vite au sentiment de culpabilité. Pourtant, le cas de conscience ne devrait pas porter sur le fait de travailler ou non, mais sur ce que l'on fait et pour qui l'on travaille. Lorsqu'on lui reprochait de travailler aussi pour la publicité, Joseph Beuys répondait : « J'ai fait de la publicité toute ma vie, mais on devrait s'intéresser au fait de savoir pour qui je l'ai fait. » Pour une marque de bon whisky ou pour Amnesty International ? Pour une entreprise d'armement ou pour l'art ? Bénévolement ou pour des amis ? L'éthique chrétienne favorable au capitalisme semble avoir été trop souvent indifférente à cette question, l'essentiel étant de travailler. Beaucoup de gens ne sont chrétiens qu'après le travail ; en semaine, ils sont au contraire d'ardents défenseurs des valeurs de l'époque. On doit à Joseph Beuys l'aphorisme suivant : « Le christianisme a forgé le matérialisme ! » Des philosophes chrétiens comme Sören Kierkegaard ou des écrivains comme Léon Tolstoï se sont rebellés contre une morale chrétienne dévote pratiquant le deux poids deux mesures. Ils considéraient qu'il ne suffisait pas d'aller à la messe ou de se confesser pour se dire chrétien. Suivre véritablement les valeurs chrétiennes, y compris dans le domaine professionnel, relèverait plutôt de l'objectif à long terme et nécessiterait une volonté forte et une pratique constante.

Dans les monastères, le travail acquiert une valeur plus grande, mais surtout un poids plus important. Il s'intègre à une conception holistique de la vie. Mais cette conception n'a guère les faveurs des églises institutionnalisées ni du monde politique, car le travail à visée spirituelle et éthique reste confiné derrière les murs des cloîtres. Il existe peut-être un espoir que l'Église se remémore le potentiel d'une conception monacale du travail. Si le travail peut être un art du travail — propice à la créativité —, il est alors temps de ne plus le concevoir isolément, mais comme partie intégrante de notre vie éveillée.

Malheureusement, le travail est perçu comme un temps de souffrance et d'aliénation. Dans l'ensemble, il continue de susciter essentiellement des associations négatives, aboutissant à une division de la vie entre temps de travail et temps libre, entre jours de travail et congés, entre jours ouvrables et jours fériés. Cette division peut se comprendre dès lors qu'il est question de travail abrutissant ou de conditions de travail abusives. Mais elle est inappropriée au travail créatif, qui constitue une intervention façonnante et positive sur le monde. Lorsque l'on subit son travail, on doit alors vivre pleinement sa créativité ailleurs. Cependant, cet investissement du temps libre recèle aussi une dimension tragique. « Je n'ai pas de passe-temps », écrit le philosophe Theodor W. Adorno, qui conçoit ce qu'il fait pendant son temps de loisir comme « moment intégral » de sa vie. La créativité profondément ancrée chez l'être humain semble difficile à réprimer. Dans l'aménagement de son intérieur, de son jardin, dans la pratique d'activités sportives ou artisanales, en musique ou dans l'implication dans une association, beaucoup d'énergie et de créativité est investie — bénévolement, au cours de quelques heures après le travail, le week-end ou en soirée. La société de la performance nous incite à nous montrer actifs pendant notre temps libre ; avant tout, naturellement, pour bien nous détendre afin d'être frais et dispos pour répondre aux contraintes du monde du travail. Comme nous sommes trop sédentaires, le sport devient très important pour prévenir la maladie. Ces dernières années ont vu la publication de guides et de livres sur l'équilibre entre le travail et la vie personnelle, car avec l'essor des nouveaux médias, travail et loisirs se trouvent de plus en plus imbriqués. Les grandes entreprises se soucient également des performances de leurs collaborateurs, qui ont de plus en plus de mal à « décrocher » et s'épuisent très rapidement. Or, ce modèle suggère que travail et vie personnelle doivent être comme deux plateaux d'une même balance qui s'équilibrent. D'un côté s'exerce la pression de la contrainte, de l'autre règne la liberté. Cependant, cette conception ne s'applique pas à la créativité pensée comme mode de vie. « La liberté plutôt que le temps libre ! », clame Joseph Beuys, qui appréhende bien le problème. Celui qui n'est libre que dans son temps libre est prisonnier dans son travail. Quand le travail n'est pas appréhendé comme une composante de la vie, la créativité est menacée. Pour les créatifs, le travail est le lieu de l'application judicieuse de la liberté et de la réalisation des idées ; il est la vie et un mode d'existence.

CE MODÈLE SUGGÈRE QUE TRAVAIL ET VIE PERSONNELLE DOIVENT ÊTRE COMME DEUX PLATEAUX D'UNE MÊME BALANCE QUI S'ÉQUILIBRENT

3

LE TRAVAIL DANS UNE PERSPECTIVE GLOBALE

La réflexion « préscientifique » sur le travail est riche d'enseignements. La différence par rapport à la conception moderne, qui souvent ne s'intéresse qu'à l'optimisation, tient à la vision globale des sagesses anciennes. Dans une perspective religieuse, s'y ajoute une conception très intéressante, celle d'humilité. C'est cette idée qu'exprime Ayya Khema, célèbre fondatrice d'un ordre bouddhiste, en disant : « Sans moi, la vie serait extrêmement simple. » Nombreux sont ceux qui associent des connotations négatives au concept d'humilité, notamment celles de servilité, d'asservissement, voire de couardise. Or, ce n'est absolument pas le sens de cette notion. Plus simplement, nous pourrions dire que les personnes simples ont conscience de ne pas être des dieux. Nous dépendons des autres ; pour réussir, nous avons aussi besoin de chance, et celle-ci n'est pas uniquement de notre ressort.

SANS MOI, LA VIE SERAIT EXTRÊMEMENT SIMPLE

A. KHEMA

Pour schématiser, disons que nous avons moins d'influence que nous le pensons sur le « cours des choses ». Cette surestimation de nos possibilités d'influence mène vite à la frustration et, en définitive, à « l'impuissance acquise » — en d'autres termes, nous cessons de prendre notre vie en mains ou de prendre des décisions conscientes. Non parce que nous en sommes incapables, mais parce que nous avons de fausses attentes par rapport à la réussite. Le moine Anselm Grün recommande ainsi à ceux qui se sont engagés sur la voie spirituelle de se défaire :

- *de l'illusion que je peux, par une spiritualité saine, garantir ma santé et mon équilibre;*
- *de l'illusion que je peux me réparer moi-même et surmonter pour toujours mes erreurs et mes faiblesses;*
- *de l'illusion que je pourrais toujours être serein et en accord avec moi-même;*
- *de l'illusion que je pourrais correspondre à mon idéal;*
- *de l'illusion qu'il est en mon pouvoir d'organiser ma vie et d'en traverser les turbulences pour arriver à bon port.*

Même le mode de vie le plus sain ne garantit nullement une vie longue et sans soucis. De quelle humeur serons-nous demain matin en nous réveillant, nous l'ignorons. Bien que nous ayons une influence, d'autres facteurs entrent en ligne de compte. Assez vite, nous sommes gagnés par un sentiment d'humilité quand nous nous retrouvons en montagne, dans le désert ou en bord de mer : en tant qu'individu, nous sommes des êtres petits et fragiles. Le simple fait de nager dans l'Atlantique lorsque la mer est un peu agitée suscite en nous un sentiment d'impuissance, et la mer, par le mouvement des vagues, peut faire de nous ce qu'elle veut.

Certes, les bons nageurs peuvent se laisser porter, mais quand ils sont pris dans le courant ou qu'une vague les projette contre un récif, c'en est fini d'eux. Lors de la naissance d'un enfant, lors de maladies graves ou lors de la perte d'un être cher, nous atteignons nos limites. La notion d'humilité est certainement déculpabilisante, dans la mesure où elle ne cherche pas à nous rendre ni plus petits ni plus grands que nous sommes. Aujourd'hui, nous nous considérons volontiers comme des héros et des battants. Sommes-nous pour autant le roi de la création ou la mesure de toute chose, nous pouvons en douter ! Mais il n'est pas nécessaire de voir aussi grand, car dès qu'il s'agit de façonner notre vie, moins vaut souvent mieux que plus. Dans cette perspective d'humilité, que deviennent alors l'art et le plaisir de travailler ?

LA NOTION D'HUMILITÉ EST CERTAINEMENT DÉCULPABILISANTE

La règle de travail la plus connue du monde chrétien est celle de l'ordre des Bénédictins : « Prie, travaille et lis, Dieu est là sans délai. » Rien de spectaculaire, semble-t-il. Pourtant, elle constituait une véritable révolution. La philosophie du travail prônée par cet ordre chrétien fondé au VIe siècle recèle aujourd'hui encore des élans salutaires. Elle est aux antipodes de l'esprit du temps, trépidant et orienté vers le profit, et se traduit dans cette articulation intelligente entre concentration (prière), travail et acquisition de connaissances. Une articulation ayant plus à voir avec la créativité que la triade capitaliste exploitation, compétition et commercialisation.

Celui qui veut travailler de façon juste doit gérer intelligemment ses réserves d'énergie. Les Bénédictins distinguent deux sources à l'origine de notre force. D'une part, les sources claires dans lesquelles nous pouvons puiser : certes, le travail fatigue, mais il est possible de récupérer grâce à des pauses. Et la fatigue liée au travail peut également être source de satisfaction, celle de sentir sa propre ardeur. Pour les moines chrétiens, cette source est l'Esprit saint, qui doit inspirer la façon de travailler. Mais leurs préceptes vont plus loin : il est prouvé que celui qui trouve un sens plus élevé dans son travail, en d'autres termes dont les objectifs ne se limitent pas au seul salaire, est plus motivé et plus rarement malade. Nous travaillons plus volontiers et en nous fatiguant moins quand nous trouvons un sens à ce que nous faisons.

NOUS TRAVAILLONS PLUS VOLONTIERS ET EN NOUS FATIGUANT MOINS QUAND NOUS TROUVONS UN SENS À CE QUE NOUS FAISONS

Cependant, cette forme de travail semble être en crise. Bien qu'en nombre d'heures, nous travaillions moins qu'au cours de tous les siècles précédents, le nombre de *burn-out* sérieux ne cesse d'augmenter. Il se pourrait que le travail, aujourd'hui, non seulement nous fatigue, mais nous épuise complètement. Celui qui puise son énergie dans des sources troubles, à savoir l'ambition, la compétition ou le perfectionnisme, est fatigué, mais aussi rapidement victime d'épuisement. Pour les moines bénédictins Fidelis Ruppert et Anselm Grün, les conséquences sont majeures. Ces modèles de vie peu sains « confèrent au travail une atmosphère faite d'agressivité et de mécontentement, de dureté et d'amertume ». À l'heure actuelle, cette atmosphère semble se diffuser au monde professionnel. En dépit de la valeur forte du travail et des libertés croissantes, l'atmosphère est empoisonnée dans de nombreuses branches.

Pour les moines, le travail est bien plus qu'un gagne-pain. À côté de la prière, du silence et du renoncement, il est à la fois un travail extérieur pour autrui et, comme l'écrivent Ruppert et Grün, « un travail de l'âme, un travail sur l'être intérieur ». Il est très inhabituel pour nous de considérer tout à la fois le travail comme service et processus de formation. Or, notre profession déteint sur nous toute notre vie durant et nous met en contact avec le monde. Une personne qui côtoie professionnellement des travailleurs sociaux, des ingénieurs, des juristes ou des concepteurs s'imprègne de leurs mentalités. Le contraire serait étonnant, car nous consacrons une grande partie de notre vie et de nos pensées au travail, aux clients et aux collègues. Pour les personnes créatives, quel que soit leur domaine, le travail est un mode de vie. La façon dont nous travaillons, notre état d'esprit, sont donc au cœur du processus visant à façonner notre vie.

La perspective monacale permet de jeter un regard critique sur l'épuisement professionnel ou *burn-out.* « Il n'est pas très simple de déterminer si la surcharge de travail correspond à un travail nécessaire et inévitable ou si le *burn-out* constitue un alibi bienvenu », écrivent les deux moines. Quand notre énergie s'alimente à des sources troubles, la piètre qualité du carburant suffit à générer la surcharge. Même un coureur bien entraîné ne peut courir un marathon que s'il dispose de ravitaillement ; sans ce dernier, il ne peut aller au bout. Sur ce point, les religions semblent du même avis. Dans son journal rédigé pendant son séjour au cloître, Henri Nouwen décrit, fasciné, la lecture d'un ouvrage majeur de la littérature zen. Par crainte du silence et de la solitude, il emporte avec lui dans sa cellule toute une pile de livres. Dans la boulangerie du cloître, il apprend ce que signifie, au sens propre, gagner son pain à la sueur de son front. Il entrevoit une lumière en lisant le livre intitulé *Traité du zen et de l'entretien des motocyclettes*, dans lequel son auteur, Robert Pirsig, décrit deux façons différentes d'escalader une montagne :

On confond trop souvent ceux qui marchent pour eux-mêmes, et ceux qui s'oublient. Les uns et les autres avancent de la même façon, respirent au même rythme, s'arrêtent et repartent semblablement. Mais quelle différence ! Les premiers sont comme une mécanique mal réglée : leurs pieds bougent, mais à contretemps ; ils ne voient pas la beauté de la lumière à travers les arbres. Préoccupés par tout le chemin qui reste à parcourir, ils vont trop vite ou bien ils traînent. Ils sont là, mais ils refusent d'être là. Ils voudraient être déjà arrivés, mais ils ne seront pas plus heureux au sommet. Chaque pas leur coûte, physiquement et spirituellement, parce qu'ils s'imaginent que leur but est nécessairement lointain et extérieur.

EN DÉFINITIVE, CE N'EST PAS TANT CE QUE NOUS DEVONS SURMONTER QUI IMPORTE QUE COMMENT NOUS NOUS Y PRENONS

En définitive, ce n'est pas tant ce que nous devons surmonter qui importe que comment nous nous y prenons. Nombreux sont ceux qui l'expérimentent en se rendant au travail. Parfois, le trajet est plaisant et s'effectue dans le calme ; nous profitons du soleil et nous sommes de bonne humeur. En d'autres occasions, en revanche, ce même trajet s'apparente à une course d'obstacles doublée d'une course contre la montre. Pour une petite part, la perception que nous avons de ce trajet tient à des circonstances extérieures : même un trajet un jour de pluie dans des transports en commun en retard et bondés peut être vécu de manière positive, et le soleil ne suffit pas toujours à chasser des idées moroses. Une perception négative mobilise une grande quantité de notre énergie, alors que ce même trajet pourrait aussi être un moment de détente. En outre, une mauvaise disposition à l'égard du travail nous épuise et peut déclencher un état de *burn-out*. Dans la première phase de cette maladie, la réussite est souvent au rendez-vous ; tout semble nous sourire et aller de soi. S'instaure ensuite un état second dans lequel la personne devient aveugle à tout ce qui n'est pas le travail. Ces « états de *flow* », fort heureusement de courte de durée, ne sont pas sans risques.

Aujourd'hui, s'investir complètement dans son travail est souvent assimilé à une vie professionnelle globalement réussie. Peut-elle encore s'améliorer ? Il est surprenant que les Bénédictins y voient un danger, mais leur point de vue se fonde sur l'expérience. « Le travail quel qu'il soit a tendance à accaparer totalement celui qui travaille », écrivent les deux moines, et, par suridentification, il peut arriver que l'estime de soi dépende alors complètement de ce travail. Dans de nombreuses agences, il existe une pression énorme pour ne pas être celui qui, le soir, part le premier. Celui qui part tôt est considéré comme un perdant. Celui qui n'a pas suffisamment d'assurance pour cesser le travail à l'heure en veut à ceux qui s'autorisent à le faire. De telles projections constituent des mécanismes de défense des plus archaïques, mais, malheureusement, extrêmement répandus. « L'accro au travail travaille certes beaucoup, mais ça ne sert à rien. Il a besoin du travail pour s'occuper. Il doit toujours avoir quelque chose à faire. Mais il n'a pas de temps à consacrer à des moments créatifs. Chez lui, le travail ne s'écoule pas. Au contraire, l'accro au travail se cache derrière. Le précepte bénédictin nous libère de la contrainte d'avoir à se prouver par son travail ou de se cacher derrière », écrivent Grün et Ruppert. Celui qui, dans son travail, vise des buts plus globaux doit maintenir une distance vis-à-vis de son travail et ne pas s'y noyer. Cette distance saine crée la liberté intérieure propice autant à la motivation qu'à la créativité. Ce que formulait, de façon un peu provocante, Joseph Beuys : « Je me nourris par le gaspillage d'énergie. »

Le bouddhisme comporte lui aussi des règles éthiques s'appliquant directement au travail. Ainsi, le *Noble sentier octuple*, la voie menant à l'éveil, met l'accent sur « le mode d'existence juste » ou « la profession juste » (*samyak-ajiva*). Selon Michael von Brück, il s'agit avant tout de gagner sa vie d'une façon qui s'accorde avec les deux valeurs centrales du bouddhisme, à savoir la pleine conscience et la compassion. Alors que, dans l'Occident chrétien, le travail est surtout appréhendé dans sa relation à l'économie, la théorie économique bouddhiste l'associe à l'éthique. « Le sens du travail ou des moyens de subsistance consiste à subvenir à la vie — à la mienne, à celle des miens, des autres, de tous. Le travail bouddhiste est préservation de la vie, protection de la vie et assistance à la vie », écrit Franz-Johannes Litsch.

Cette pensée s'inscrit dans une cosmologie dans laquelle tout est relié à tout. Cette idée est facilement compréhensible. Par exemple, vous ne pouvez lire ce livre que parce qu'un auteur l'a écrit. Ses amis et sa famille l'ont soutenu, une maison d'édition et ses nombreux collaborateurs ont investi leur capacité de travail et leur créativité afin qu'au bout du compte, des libraires le recommandent et le vendent. Ce serait donc une illusion, pour moi, auteur, de penser qu'il s'agit de « mon livre ». Quelqu'un a préalablement fabriqué le papier. De nombreux autres livres ont été écrits avant. Enfin, c'est dans votre tête que les lignes de petites lettres noires prennent un sens, de sorte que vous êtes co-auteur. Le bouddhisme verrait les choses ainsi : je ne suis qu'un petit maillon dans une chaîne cohérente mais transitoire d'événements. Du fabricant de papier à vous, lecteurs, tous font partie de ce livre. Il n'y a donc aucune raison pour moi d'en tirer une quelconque fierté, car sans cet ensemble de choses — bien plus nombreuses, invisibles et fugaces —, rien n'existerait. Dans cette cosmologie, la subsistance est perçue de la sorte : « En définitive, celui qui nuit à la vie se nuit à lui-même, celui qui sert la vie se rend service à lui-même », écrit Litsch. C'est cette même idée qu'exprime de façon ironique le Dalaï-lama dans *Mon autobiographie spirituelle*, lorsqu'il conseille à un égoïste d'agir avec compassion et altruisme :

la seule voie pour être heureux consiste à apporter le bonheur aux autres. Sur un plan plus large, cette conception s'applique aussi à l'économie. La satisfaction de vos collègues, de vos associés et de vos clients a des répercussions directes sur vous. L'idée selon laquelle le monde constitue un ensemble cohérent et global se conçoit tout à fait sans dieu et même sans bouddhisme. Matthew Crawford, dirigeant d'un atelier de motos, écrit à la fin de son livre *Éloge du carburateur* :

Une telle individualité sociable contraste avec l'autisme implicite de la notion d'« autonomie », un terme qui, étymologiquement, exprime l'idée d'obéir à sa propre loi. Or, cette notion occulte le fait que nous sommes nés dans un monde qui existait avant nous. Mais il s'agit là d'une conception qui oblitère notre dette naturelle à l'égard de l'univers et manifeste une forme d'ingratitude profondément erronée sur le plan moral. Car la réalité, c'est que nous sommes des êtres dépendants : dépendants les uns des autres et dépendants d'un monde que nous n'avons pas créé. Vivre éveillé, c'est vivre avec la pleine conscience de cette réalité de notre condition humaine. Vivre bien, c'est nous réconcilier avec elle, et essayer de parvenir à une forme ou une autre d'excellence. Pour ce faire, certaines conditions économiques sont plus propices que d'autres. Quand la conception du travail est trop éloignée du site de son exécution, non seulement les travailleurs sont divisés entre eux, mais chacun d'entre eux vit une contradiction interne. Car la pensée est intrinsèquement liée à l'action, et seule une activité rationnelle en coopération avec nos semblables peut satisfaire nos aspirations spécifiques.

Fidelis Ruppert et Anselm Grün recommandent une « manière calme et recueillie » pour « travailler et gérer les choses ». La plupart des lecteurs ne vivent pas dans un monastère, ne dirigent pas un atelier de motos et ne commencent pas leur journée par une heure de méditation. (Une heure de méditation que vous devriez peut-être essayer une fois !) En général, notre quotidien est fait de stress et de dispersion, et nous nous débattons dans des contraintes sociales ou jouons aux ermites de bureau.

4

SE PERDRE DANS LE TRAVAIL

Lorsque l'on se consacre entièrement à son travail, on perd la capacité à appréhender sa vie de façon globale. Une perspective aussi limitée entrave la créativité, en réduisant de façon artificielle nos expériences. En outre, en étendant cette perspective professionnelle à tous les domaines de la vie, on devient aveugle. La vie réelle nous préserve peut-être du destin qui, aux yeux de certains, frappe par exemple les enfants, les animaux domestiques, mais aussi malheureusement les malades. Les uns comme les autres nous font part de leurs besoins à des moments parfois les plus inopportuns pour nous, et nous prouvent que nous ne pouvons pas tout contrôler. Votre enfant vous laissera-t-il dormir ? Quelle prochaine bêtise fera encore votre chien ou votre chat ? Serez-vous touché par la maladie ? Personne ne peut le dire. Le destin frappe souvent là où nous en avons le moins besoin.

Dans un système familial, la maladie physique ou psychique d'une personne a des répercussions immédiates sur les autres membres de la famille. Il est par ailleurs souvent difficile de tenir des délais, mais avec les enfants s'ajoute un facteur d'imprévisibilité. Certes, dans le monde du travail, nous avons plutôt affaire à de la compréhension, mais à l'intérieur de nous se déchaînent rage et frustration d'avoir à nouveau failli. Les créatifs vivent une très forte pression psychique quand ils doivent durablement limiter leur créativité. Et penser que rien au monde ne pourra changer cet état de fait n'est pas très optimiste. D'ailleurs, les religions principales posent cet élément et commencent même par lui : nous aurons beau frapper de toutes nos forces, les portes du paradis resteront fermées. Sigmund Freud allait jusqu'à affirmer qu'en matière de création, le bonheur n'était tout bonnement pas prévu. Ainsi, nous n'avons aucun droit à être heureux, même si, tacitement, nombreux vivent avec la représentation mentale que la vie doit les rendre heureux.

NOUS N'AVONS AUCUN DROIT À ÊTRE HEUREUX

Pour le bouddha, la première vérité était la suivante : la vie est source de frustration. Aux hommes, de la douloureuse naissance à la mort, en passant par les épreuves liées au fait de grandir, de devenir adulte, de vieillir et celles de la maladie, la vie n'apporte que souffrances. Cependant, dès que nous savons qu'il en est ainsi, il est possible de trouver l'apaisement. (Les choses ne sont pas aussi faciles, et la voie bouddhiste implique une pratique continue.) Au vu de ces métaphores transmises au fil des millénaires, il convient peut-être de conserver une certaine prudence à l'égard des personnes, des substances ou des machines qui nous promettent l'arrêt des souffrances. Nous courons à la catastrophe dès lors que nous tentons, sur la base d'idées en apparence plausibles, de créer le paradis sur terre. Comme le pensait le philosophe Karl Popper, il ne peut en advenir que l'enfer.

Lorsque le travail n'est pas séparé de la vie, dans le cas d'une vocation par exemple, il convient de prendre du recul et de s'interroger sur la place prise par ce travail. Chez les créatifs, le flou sur ce sujet génère énormément de frustration. Prenons par exemple des personnes, illustrateurs ou artistes, dont la vie tourne autour de crayons, de pinceaux et de couleurs, et qui vivent dans leur bureau ou dans leur atelier. Sur le plan de l'activité elle-même, ces deux rôles — illustrateur et artiste — ne se différencient presque pas : quiconque veut dessiner doit pratiquer tous les jours, toute sa vie durant. Tomi Ungerer démarre chacune de ses journées de travail par de purs exercices de dessin, et ni son âge ni sa réussite n'y changent quoi que ce soit. Parmi ses créations figurent des illustrations célèbres, par exemple dans des livres pour enfants ou des recueils de chansons, ainsi qu'un nombre impressionnant de livres. S'y ajoutent également les ouvrages qu'il a écrits et lui-même illustrés, ainsi que des dessins et des affiches exposés aujourd'hui dans des musées ou qui se négocient à prix d'or sur le marché de l'art.

Prendre de la distance par rapport à son travail signifie garder à l'esprit la façon dont on tient en main son crayon, en tant qu'illustrateur ou en tant qu'artiste. Pour connaître son état intérieur, les moines recommandent de se livrer à une avant-méditation. Dans un environnement monacal, la prière et la demande de bénédiction à Dieu concernent ce qui va arriver. « La méditation préalable n'est pas affaire de volonté. [...] J'imagine l'expression positive de mes possibilités. En imagination, je vois alors ce qui est déjà déposé en moi », écrivent Grün et Ruppert. Même sans dieu, il nous est possible de nous concentrer brièvement pour prendre conscience de notre rôle, afin de le garder à l'esprit pendant le travail. Les illustrateurs ont des clients, des objets, des thèmes ou des textes qu'ils doivent, d'une certaine manière, servir. Les artistes sont, pour une large part, libérés des contingences de la prestation de services — privilège et défi tout à la fois, car ces artistes s'inscrivent nécessairement dans la longue tradition de l'histoire de l'art. La fin du travail s'apparente à une conclusion : « Dans l'après-méditation, je me remémore le travail de la journée. [...] En fonction de mon état interne, certaines choses vont apparaître et m'occuper », écrivent les deux moines. Ce processus va au-delà du débrief factuel, il est une sorte de passage d'un rôle aux autres. Je me débarrasse lentement de l'illustrateur en moi pour devenir mère, sportif, lecteur, propriétaire de chien ou quelqu'un qui ne fait rien. En outre, cette étape constitue une bonne préparation à l'étape suivante ; on peut prendre des notes ou cocher ce qui est fait sur son agenda.

En cadrant le travail et en acceptant consciemment nos différents rôles, les choses s'ordonnent mieux et plus clairement dans notre esprit. Quand tel ou tel travail commence-t-il et quand s'arrête-t-il ? Suis-je illustrateur la journée et artiste le soir, ou l'alternance de ces activités se fait-elle plutôt sur une base hebdomadaire ou horaire ? Réfléchir à la question nous permet de nous rendre compte si telle ou telle tâche nous prend trop de temps. Il est assez frustrant, ingrat et présomptueux qu'un désir inavoué de réalisation artistique se traduise par de la mauvaise humeur vis-à-vis des clients qui attendent une prestation de services qu'ils rémunèrent. En outre, l'art qui ne comble que les attentes d'autrui n'en est pas. Si l'illustration constitue un travail alimentaire, il est légitime de ne pas vouloir y consacrer cinquante heures par semaine. Si elle est notre passion, il n'y a rien à y redire. Les activités en elles-mêmes ne nous rendent ni heureux ni malheureux.

SI L'ILLUSTRATION CONSTITUE UN TRAVAIL ALIMENTAIRE, IL EST LÉGITIME DE NE PAS VOULOIR Y CONSACRER CINQUANTE HEURES PAR SEMAINE. SI ELLE EST NOTRE PASSION, IL N'Y A RIEN À Y REDIRE

5

LE MONDE REEL

Ruppert et Grün écrivent : « Le travail dévoile nos erreurs, nos faiblesses, nos limites. » Ainsi, il devient une opportunité de formation. Tout en pouvant être aussi un piège. Dans les dernières décennies, une certaine forme de travail semble en recul, à savoir le travail manuel. Pour une large part, ce recul concerne les « professions créatives ». L'ordinateur a considérablement simplifié les choses et offre de nombreuses et merveilleuses possibilités. Lorsque nous choisissons une police de caractères sur ordinateur, nous n'avons probablement pas effectué d'essais à la plume. La personne qui procède à des retouches sur ordinateur n'a sans doute aucune notion du travail en laboratoire photo. Les illustrateurs sont unanimes sur le fait qu'il existe une grande différence entre dessiner à partir d'une photo ou d'un sujet (paysage ou personne) réel. Tentons une métaphore pour exprimer la perte inhérente au virtuel : quiconque veut faire l'expérience de gravir une montagne peut étudier le dénivelé sur une carte, lire le résultat d'un planificateur d'itinéraire ou gravir la montagne en voiture ; il peut aussi la gravir à vélo ou à pied. Il existe donc de nombreuses façons de gravir cette montagne, mais l'expérience que nous en ferons, de même que la relation que nous aurons avec cette montagne, sera singulière. En règle générale, quand de nouveaux médias émergent, que de nouvelles possibilités techniques sont inventées, il n'est pas rare d'entendre des discours pessimistes. Ainsi, au XVIIIe siècle, la lecture d'un roman était considérée comme un signe de déchéance morale. Aujourd'hui, en revanche, et indépendamment des contenus, la lecture de romans est valorisée sur le plan pédagogique, à la différence des jeux sur ordinateur, vus comme une menace. Parfois, le scepticisme à l'égard de la nouveauté va trop loin.

Le travail artistique prend de multiples formes, et le sculpteur qui fait émerger une sculpture d'un bloc de pierre fait une expérience réelle des limites tangibles et non discutables de la pierre. Un concepteur de produits qui se limite à créer des animations sur ordinateur et qui ne se confronte plus aux modèles réels perd la dimension de l'expérience. Celui qui travaille avec la tête, mais jamais avec les mains, peut rapidement devenir prisonnier de l'idée que le monde est avant tout une construction mentale. Matthew Crawford s'est intéressé au sujet, notamment dans ses travaux pour le *think tank* américain auquel il a participé en tant que philosophe. Mais à peine avait-il obtenu, à la suite de ses longues études, l'emploi et le salaire de ses rêves, qu'il a été frappé par le blues des cols blancs. Nombreux connaissent cet accablement que peut générer un quotidien de bureau trop mentalisé et opportuniste. Au bout d'un certain temps, Crawford en a tiré les conséquences, a démissionné, et a ouvert un petit atelier de réparation de motos, spécialisé dans les modèles anciens. Crawford n'a pas hésité à abandonner son col blanc, à renoncer à beaucoup d'argent. Son quotidien professionnel est celui d'un mécanicien. Tous les jours, il est confronté à des problèmes qui n'ont certes rien de raffiné, mais qui exigent des solutions tout à fait concrètes.

Les motos sont livrées avec un défaut et doivent quitter l'atelier en état de marche : ce processus est mesurable et n'est nullement soumis à des estimations subjectives. Ce changement professionnel est des plus inhabituels, car ces deux métiers n'ont pas le même prestige. Peu de personnes sont capables de réaliser un rêve professionnel la tête haute si celui-ci s'accompagne d'une baisse de prestige et de salaire. Pourtant, il conviendrait de se poser vraiment la question de savoir quel travail nous rend heureux. Une question, qui, soyons-en conscients, n'est pas indépendante des valeurs de notre environnement. Sans aucun doute possible, Crawford, lui, a gagné au change. Et il ne s'agit en aucun cas d'une régression intellectuelle, car ce travail artisanal exige de lui plus de créativité que le travail scientifique dans lequel le résultat est souvent déterminé par les clients eux-mêmes. En fait, le travail artisanal nous confronte au monde réel qui nous donne un retour direct et indiscutable sur la qualité de notre performance. Les conséquences du travail intellectuel et manuel sont très diverses. « Certes, n'importe quel type de travail implique toujours un certain type d'inconfort moral ou matériel. Un électricien respire une bonne quantité de poussière d'origine indéterminée, s'abîme les genoux à ramper dans des espaces exigus et attrape des torticolis à force de fixer le plafond, sans compter les chocs électriques qu'il encaisse parfois alors qu'il est perché sur une échelle. Ses mains sont pleines de coupures à force de tordre des câbles, de manipuler des boîtes de jonction en tôle et de découper des câbles à la scie à métaux. Mais si vous êtes électricien, rien de tout cela n'affecte le meilleur de vous-même », écrit Crawford.

La pensée, et peut-être en général le pur travail intellectuel, peut rendre malheureux. Naturellement, ne pas avoir à trimer dans une mine présente des avantages, mais en fin de journée, l'ouvrier du savoir postmoderne ne peut dire quelle quantité il a créé ni évaluer la qualité de son travail du jour. Au-delà de la frustration considérable engendrée, cela pose directement la question de la créativité : comment savoir si nous avons été créatifs, dès lors que nous sommes dans la quasi-impossibilité à évaluer ce que nous avons réalisé ? Certes, nous savons ce que notre supérieur (si nous en avons un) en dit, ou si le client est disposé à payer ce que nous avons livré, soit, à bien y regarder, très peu de chose. Naturellement, comparé au travail dans une mine, nous ne sommes pas exposés au risque physique de l'éboulement d'une galerie. Néanmoins, le risque psychique reste bien présent. Au bureau, souvent, l'amour-propre est comme en cage. Il se trouve que la frustration est un aspect important, voire un carburant, du processus créatif. Les nouvelles idées ne surgissent pas comme par magie. Cependant, le vrai problème est le malheur psychique engendré par la virtualité du travail, qui ne peut plus nous donner le sentiment d'être en contact avec le monde. Dès lors, comment s'étonner que Crawford recoure à une tout autre notion que celle de « créativité », une notion galvaudée, celle d'excellence.

MÊME SI NOUS NE SOMMES PAS EXPOSÉS AU RISQUE PHYSIQUE, LE RISQUE PSYCHIQUE RESTE BIEN PRÉSENT

6

LE TRAVAIL COMME COMMUNAUTÉ DE VALEURS

De cette notion découle un élément décisif de l'art de travailler : bien travailler et bien vivre vont de pair. Cependant, il ne s'agit nullement d'opposer d'un côté les loisirs et de l'autre le travail, mais plutôt de prendre véritablement conscience que le travail constitue une grosse part de la vie et qu'il déteint sur tout le reste. Le travail, c'est la vie ! Seul un travail aliénant — et il en existe, bien évidemment — nécessite du temps libre à titre de compensation. Raison pour laquelle le philosophe Theodor W. Adorno s'élevait contre une société réservant la jouissance de l'art au domaine des loisirs. C'est ainsi qu'il faut comprendre l'aphorisme de Joseph Beuys : « La liberté plutôt que le temps libre. »

LA LIBERTÉ PLUTÔT QUE LE TEMPS LIBRE

J. BEUYS

Ainsi, le choix d'une profession ou d'une activité implique beaucoup plus que ce qu'induit le vocable léger de « job ». Notre travail est en rapport avec notre personnalité ; il n'est pas une activité extérieure quelconque. Le métier d'horloger ou d'orfèvre attire des personnalités différentes de celles du travail social ou du conseil en entreprise. Ces différences se retrouvent aussi dans les salons professionnels : le public n'est pas le même au salon du livre et au salon de l'électronique, et l'ambiance non plus.

Même au sein d'une branche, il existe des différences de mentalité ; les concepteurs-rédacteurs se distinguent des concepteurs de produits, les concepteurs web des éditeurs, les calligraphes des photographes... Et tous s'estiment heureux d'avoir trouvé le métier qui leur convient. Mais la réciproque est-elle vraie ? Osons l'hypothèse saugrenue que, parfois, ce sont les métiers qui choisissent ceux qui les exercent et non l'inverse. Le travail exige tant de nous que nous devenons une partie de lui quand un certain niveau de qualité est attendu. Au savoir-faire professionnel s'ajoutent l'expérience du travail et de la vie, qui toutes deux nourrissent l'intuition indispensable à une vie créative. Si nous aspirons à l'excellence, cette aspiration dépasse alors largement le cadre du travail, et autorise une compréhension de ce que peut être une « bonne vie ». Un travail exercé avec une humilité juste à l'égard de la tradition et avec passion implique certaines valeurs. Ainsi, nous attendons que les juristes aient le sens de la justice, que les cuisiniers aiment les ingrédients qu'ils cuisinent et les musiciens la musique. Matthew Crawford ne répare pas seulement des motos, il aime les conduire et admire ceux qui le font mieux que lui.

Pour que notre travail ait du sens, il est essentiel pour nous de croire que les hommes et les femmes avec lesquels nous travaillons ou auxquels notre travail est destiné font quelque chose de bien dans la vie, qu'ils soient concepteurs graphistes, professeurs de yoga ou couvreurs. Crawford affirme que le travail nous ancre dans une communauté de valeurs : « Les problèmes mécaniques limités dont je m'occupe ont leur place dans un cercle de significations bien plus ample ; ils sont au service d'une activité que nous reconnaissons tous comme partie intégrante d'une vie bien vécue. Cette reconnaissance commune, qui n'a pas besoin d'être exprimée verbalement, est à la base d'une amitié gouvernée par des représentations concrètes d'une certaine forme d'excellence. Mais au fond, je ne cherche pas à recommander spécialement la pratique du motocyclisme, ni à idéaliser la vie du mécano. Ce que j'essaie plutôt de suggérer, c'est que, si nous suivons à rebours les traces de nos actions jusqu'à leur source, celles-ci peuvent nous instiller une certaine compréhension de la bonne vie. Une telle compréhension peut être difficile à exprimer de façon explicite ; il revient au questionnement moral de la mettre en lumière. Ce dernier peut être encouragé par des activités pratiques exercées en compagnie d'autrui, lesquelles donnent lieu à une sorte de conversation en acte. S'il repose sur ce type de conversation, alors le travail peut offrir un certain degré de cohérence à nos existences. »

Naturellement, pour cette conversation, une double motivation est nécessaire : celle inhérente à l'activité et celle liée à la proximité que nous avons avec ceux qui partagent notre orientation. Sur cette voie, il n'y a probablement rien de plus difficile que de devenir une part du monde du travail qui détermine de façon constructive notre vie. Quant à l'excellence, il ne suffit pas de pratiquer. Ainsi, il ne suffit pas de photographier ; il faut aussi devenir photographe et faire partie de ce groupe de personnes pour qui photographier est une passion. Nous nous inscrivons alors dans une longue lignée de personnes, qui, dans le passé, se sont ainsi déclarées photographes et ont transformé leur passion en photos. Il faut apprendre à regarder, ce qui va au-delà de l'apprentissage du maniement d'un appareil.

IL FAUT APPRENDRE À REGARDER

7

UNE PIÈCE BIEN À SOI

Les ateliers des maîtres du Moyen Âge, les monastères et les communautés d'artistes étaient probablement des lieux plus créatifs que les bureaux de notre époque, aménagés dans des horreurs architecturales à l'atmosphère glaciale. Pour financer les créatifs, il existe des bourses, qui souvent prennent la forme de résidences dans des lieux retirés, avec d'autres artistes. Il est ainsi possible de travailler toute la journée dans sa cellule, dans son atelier ou dans sa chambre, et de croiser, à l'heure des repas, d'autres esprits créatifs. Les bureaux modernes en sont l'exact contraire, et peu importe si l'ameublement est sobre ou s'apparente à celui d'une chambre d'enfant. Les bureaux modernes des créatifs, tout du moins dans les secteurs de l'art, du graphisme ou de la publicité, qui, d'un point de vue historique, sont encore récents, n'ont peut-être jamais connu les contraintes initiales des bureaux civils. Mais ils ne connaissent pas non plus les avantages du calme, d'une communauté durable de destins et de la présence continuelle. Les bureaux dans lesquels il est de bon ton de rester enfermé de 9 heures à 18 heures, sous le regard acéré de collègues et de supérieurs, sont une espèce en voie de disparition. Personne sans doute ne regrette cette forme de captivité, mais devons-nous pour autant nous réjouir de cette nouvelle culture du travail, qui très souvent n'est que la culture du nouveau capitalisme ? Pour les bureaucraties classiques et impersonnelles, ce cadre restreint et forcé offrait un avantage fonctionnel. Mais les parcs d'attractions que sont les lieux de travail d'aujourd'hui semblent totalement inadaptés à l'activité comptable monotone comme aux processus créatifs. Christoph Bartmann, historien et journaliste à la tête du Goethe-Institut de New York, s'est penché sur le cadre de cette nouvelle vie de bureau pour en arriver à la conclusion que « dans les bureaux d'aujourd'hui, ce ne sont plus les chefs qui font la loi, mais les programmes et les instruments. La direction, que les cadres réclamaient autrefois pour eux-mêmes, semble retranchée dans le bureau individuel, et l'individu doit désormais se diriger lui-même à renforts d'accords et de contrats. Au bureau, une révolution s'est produite, à savoir la révolution du "managérisme". Au bureau s'est substitué l'office : bienvenue dans l'époque de la seconde bureaucratie. L'office, c'est l'agrégat fait d'applications informatiques, d'économie d'entreprise et de psychologie positive qui nous dirige ou avec lequel nous nous dirigeons nous-mêmes. » Les bureaux d'aujourd'hui sont tout sauf un lieu permettant de construire un nid solide. L'office moderne nous évite de travailler en étant séparé des autres, ce qui a abouti, selon Bartmann, à éviter notre propre bureau pour ne pas être dérangé. Celui qui travaille au calme sans être dérangé un ou deux jours par semaine est souvent plus productif. Pour beaucoup, le domicile personnel comporte aussi un bureau. Sur ce plan, les personnes ayant des enfants en bas âge sont clairement désavantagées. L'architecture moderne du bureau est parvenue à bannir le travail de concentration et à l'exiler dans le *home office*. Quand bien même nous sommes très attachés à l'esprit d'équipe, la créativité est un processus complètement solitaire. Cette solitude a besoin du cadre de la communauté pour ne pas tomber dans l'isolement. Mais la véritable communauté se fait rare aujourd'hui et est le plus souvent remplacée par l'équipe ou *team*. La notion de « team » désigne une communauté de but à durée limitée, dont l'objectif est de réaliser sans accrocs ses projets, avant de se séparer de façon tout aussi fluide, sans éprouver de souffrance due à cette séparation.

L'ARCHITECTURE MODERNE DU BUREAU EST PARVENUE À BANNIR LE TRAVAIL DE CONCENTRATION ET À L'EXILER DANS LE *HOME OFFICE*

Il est exigé de chacun des membres un style de communication fluide ; les caractères forts n'y ont absolument par leur place. Dans cette sphère, la « sociabilité » et le « réseautage » sont avant tout des méthodes professionnelles permettant l'instauration d'un *small talk* visant à éviter toute friction. Mais pour citer une métaphore de mes éditeurs préférés : « Il faut que ça frotte pour que ça brille ! » *Office* et *team* ne constituent pas un cadre adapté aux processus créatifs. Les dimensions communautaires apparaissent lentement et, dans leur ensemble, ne sont pas de nature rationnelle, parce qu'elles se fondent sur la confiance entre différents individus dotés d'une personnalité et de qualités. Cependant, au sein d'une communauté, il est possible d'être seul sans que les sentiments ou l'image de soi s'en trouvent menacés. Même la critique peut rester constructive, si les relations entre les individus ne sont pas uniquement de nature stratégique et qu'il ne s'agit pas uniquement de réseautage ou *networking*. Les personnes peuvent se conduire de façon plus ordonnée, claire et ouverte quand il existe une possibilité de retrait. Une véritable communauté apaise l'égoïsme ou la compétition de façon calme ; l'atmosphère conviviale fait ressortir plus nettement ce type de comportement. Les communautés religieuses, surtout les monastères, assurent la solitude de leurs membres par le retrait dans l'espace protégé de la cellule. Le bureau d'aujourd'hui semble au contraire l'empêcher : ascenseurs, murs et portes sont en verre, lorsqu'il existe même des cloisons ou des séparations. Le maître mot est celui de la transparence. Or, celle-ci ne semble créer qu'en apparence une ambiance ouverte ; de fait, elle instaure avant tout un contrôle constant, car tout le monde se sait observé en permanence.

LES COMMUNAUTÉS RELIGIEUSES ASSURENT LA SOLITUDE DE LEURS MEMBRES PAR LE RETRAIT DANS L'ESPACE PROTÉGÉ DE LA CELLULE

Travailler seul sans être dérangé, peut-être même sans la moindre connexion numérique, est considéré dans le monde professionnel moderne comme un péché ; cette possibilité se voit même entravée sur le plan architectural. À l'heure actuelle, les derniers avatars en sont les smartphones et les tablettes, grâce auxquels nous sommes en permanence joignables et en capacité de travailler. Mais toutes les tentatives pour imposer cette transparence impersonnelle échouent, comme le souligne Christoph Bartmann : « Le bureau est, même dans le contexte actuel du manque de place, une cellule mentale. Comparable aux autres grandes structures cellulaires — la prison, le monastère, la permanence d'études —, il accorde ou dicte un isolement, que je remplis d'insignes de ma personnalité. Quel que soit son degré d'impersonnalité, je l'exploiterai, le conquerrai, le meublerai. Donnez-moi un espace ou ne m'en donnez pas : je le remplirai à coup sûr. » Il semble s'agir là d'un besoin naturel de s'approprier les choses. Dans un essai célèbre, Virginia Woolf s'est interrogée sur les conditions permettant aux femmes de rédiger des œuvres littéraires. Jusqu'au XXe siècle, les femmes ne disposaient en effet d'aucun espace privé — un moyen sûr d'entraver la créativité féminine. Pour permettre aux femmes de rédiger de grands romans, il fallait que deux conditions soient réunies, comme l'écrit Virginia Woolf en 1929 : « Une femme qui veut écrire une œuvre de fiction doit avoir un revenu et une pièce à elle. » Aujourd'hui, cette exigence ne concerne pas uniquement les femmes, mais tous ceux qui désirent exprimer leur potentiel créatif. Le fonctionnement en équipes, la disponibilité constante, les bureaux paysagers, la transparence architecturale et trop de précarité financière font le lit de la conformité et sont le poison des créatifs.

—

LE FONCTIONNEMENT EN ÉQUIPES, LA DISPONIBILITÉ CONSTANTE, LES BUREAUX PAYSAGERS, LA TRANSPARENCE ARCHITECTURALE ET TROP DE PRÉCARITÉ FINANCIÈRE FONT LE LIT DE LA CONFORMITÉ ET SONT LE POISON DES CRÉATIFS

—

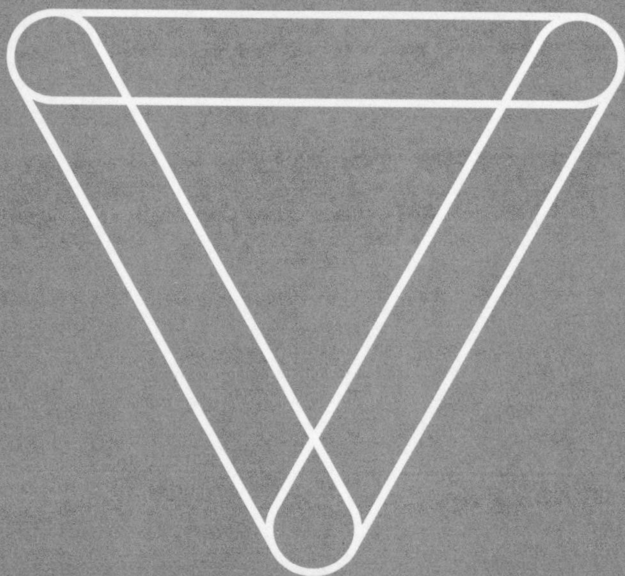

3

QUAND LA CRÉATIVITÉ EST AFFAIRE DE SILENCE

1

BEAUCOUP LIRE, NE RIEN DIRE

Le groupe de hip-hop allemand *Die Fantastischen Vier* chantait : « Tu parles fort, mais tu ne dis rien ». Aujourd'hui, nous sommes contraints de parler sans cesse. Dès que nous nous retrouvons avec d'autres, *a fortiori* toute la journée, les interruptions dans les conversations sont considérées comme malvenues. Des conseillers en communication recommandent d'éviter tout « silence inconfortable » et de maintenir absolument le « flot de conservation ». Malheureusement, dans le monde du travail et dans la société, il ne s'est pas développé de culture permettant de rester ensemble dans le silence. On parle, on parle, on parle. Quiconque a besoin de calme a mieux fait de rester travailler chez lui. Une pancarte « Ne pas déranger » suspendue à une porte de bureau appelle de très nombreuses justifications. Demander aux autres de faire moins de bruit est considéré comme un acte antisocial. Or, la tranquillité constitue une condition *sine qua non* au travail créatif dans les phases de concentration intense. Les situations sérieuses exigent le silence. La créativité signifie créer et faire surgir quelque chose à partir de rien — il ne s'agit nullement de quelque chose de banal et d'insignifiant. Le verbiage incessant du monde profane est à l'opposé de la pratique des religions du monde. Dans ce domaine, la parole inopportune et inconsidérée est très mal vue ; elle est considérée comme la source de beaucoup de choses négatives. Le maître zen Shunryu Suzuki écrit ainsi dans son ouvrage majeur *Esprit zen, esprit neuf* :

Le mieux est de pratiquer sans rien dire. Quand nous parlons de notre chemin, il y a un léger malentendu, car ce chemin vrai a au moins deux côtés, un négatif et un positif. Quand nous parlons du côté négatif, il manque le positif, et quand nous parlons du positif, il manque le négatif. Nous ne pouvons pas parler simultanément du côté positif et du côté négatif de quelque chose. Et nous ne savons pas ce qu'il convient de dire. Il est presque impossible de parler du bouddhisme. Raison pour laquelle le mieux est de ne rien dire et de le pratiquer. Le chemin peut être de lever un doigt ou de tracer un cercle, ou encore simplement de s'incliner.

Parler nous contraint à des évaluations, à des jugements positifs ou négatifs. Mais la vie a, et pas seulement du point de vue religieux, plus que deux côtés. La contrainte de parler évacue souvent la complexité. Nos jugements simplifient la réalité, et nous oublions qu'il ne s'agit que de mots — des ondes sonores qui sortent de notre bouche. Comme le rappelle un proverbe asiatique, « la langue n'a pas d'os » ; elle est libre et peut livrer des pensées très stupides. Le philosophe Peter Bieri souligne le danger du parler pour parler et considère les êtres humains comme des animaux parlants : « Nous parlons, parlons, et considérons au bout du compte ces constructions rhétoriques comme des convictions — jusqu'à ce que nous devions agir. » Quand nous parlons, seule une infime partie de ce que nous disons sert à la transmission d'informations. Dans nos propos, nous intégrons nécessairement des appels, des auto-énonciations et des messages relationnels. La nécessité de parler est incontestée et ne présente pas uniquement des aspects négatifs. Malheureusement, malentendus profonds, offenses et émotions difficiles surviennent fréquemment quand les personnes parlent trop et à la légère. Un flot continu de paroles peut avoir des effets négatifs sur les autres, mais aussi sur nous-mêmes. Souvent nous nous retrouvons bloqués, nous manquons de créativité ou nous sommes de mauvaise humeur, car des pensées ne cessent de tourner dans notre tête. Pourtant, pour de nombreuses personnes, cette situation est préférable au silence.

Nous parlons trop aux autres, et nous nous parlons aussi trop à nous-mêmes. Les réseaux sociaux se servent de ce flux incessant ; ils en vivent. Certes, ils peuvent mettre en lien des personnes et nourrir la créativité, mais cet aspect est inséparable des sollicitations continuelles à la dispersion. Le flot incessant d'informations insignifiantes crée comme un effet d'appel, qui tend à masquer les autres voix, plus intérieures et plus profondes. À l'écran, la dispersion est à portée de clic. L'énorme succès du petit programme dénommé *Selfcontrol*, développé par l'artiste américain Steve Lambert, témoigne d'un besoin fondamental de tranquillité. À l'aide de l'application, toutes les pages web peuvent être bloquées pendant une période donnée. Une fois que vous êtes décidé à passer quelques heures sans Facebook, YouTube ou votre quotidien en ligne préféré, aucun retour en arrière n'est possible. Pour les dérangements provenant de l'extérieur, qu'il s'agisse des collègues, du téléphone, de la musique, de la radio ou de la télé, il n'existe encore aucune application de ce genre. En fait, que se passe-t-il si nous coupons les canaux extérieurs pour diriger notre oreille vers l'intérieur ?

À L'ÉCRAN, LA DISPERSION EST À PORTÉE DE CLIC

2

LA CAPACITÉ À ÊTRE SEUL

Tout d'abord, c'est la panique qui saisit beaucoup de personnes lorsqu'elles se trouvent vraiment seules. Depuis des années, elles ont pris l'habitude d'éviter le silence, afin de ne pas se confronter à elles-mêmes. Dans le peu de temps que nous passons seuls, les médias se chargent de déranger notre tranquillité. Quand nous rentrons chez nous, si toutefois nous ne sommes pas déjà interpellés par nos voisins, nous allumons la radio, la télévision ou l'ordinateur. « L'un des objectifs de l'art de vivre consiste à vivre sa vie de sorte à rester avec soi, sans se perdre, tout du moins pas de façon durable, et à toujours se retrouver : rechercher la solitude tout en évitant l'isolement », écrit le psychanalyste Rolf Haubl. Le silence nous confronte à nous-mêmes, et curieusement, ce lieu ne semble pas très populaire. L'auteure Anne Lamott le formule très bien : « Mon esprit est un quartier peu recommandable dans lequel j'évite de m'aventurer seule. » C'est seulement quand le silence se fait que nous atteignons véritablement cet endroit où nous pouvons être « chez nous », comme l'exprime Haubl. Mais les sentiments qui surgissent alors peuvent être désagréables, et l'estime de soi se trouve menacée. Lorsque la diversion n'est plus possible face à ces voix intérieures, de nombreuses personnes ont le sentiment de ne plus se reconnaître, de ne plus faire un avec elles-mêmes. Elles sont alors, comme le qualifie Haubl, « hors d'elles » et « désolées ». Des sentiments douloureux surgissent, comme la solitude, l'isolement et l'ennui, véritables poisons pour la concentration. Or, la concentration développe la capacité à être seul. La plupart du temps, les idées sont élaborées dans la solitude, et ce n'est que lorsqu'elles ont pris un peu forme que nous nous en ouvrons à autrui, pour continuer de les développer. Il est relativement simple d'éviter les perturbations extérieures : trouver un bureau pour travailler, s'abstenir d'allumer la radio ou la télévision. En revanche, il est moins aisé de venir à bout des perturbations intérieures, générées par notre esprit. Malheureusement, nous décidons fort peu du moment où les pensées nous viennent, et notre cerveau ne nous demande pas si telle ou telle pensée est opportune. Parfois, nous aurions envie de crier à notre cerveau : « Du calme, là-haut ! » La capacité à se concentrer et à être seul n'est pas innée, et notre esprit, une fois adulte, s'avère être un trouble-fête permanent. Le peintre Lucian Freud déclarait dans une interview : « Si tant ait que j'aie un secret, c'est la concentration — quelque chose que l'on ne peut apprendre à quiconque. » Néanmoins, comme s'accordent à le dire les spécialistes des religions, cette capacité peut s'entraîner. Notre esprit est inquiet, mais il est capable d'apprendre.

LA CONCENTRATION DÉVELOPPE LA CAPACITÉ À ÊTRE SEUL

Le mathématicien et philosophe Alfred N. Whitehead définit la religion comme « ce qu'un être fait de sa solitude ». Dès lors, il n'est guère étonnant de trouver dans les traditions chrétienne et bouddhiste de nombreux textes décrivant des expériences de calme, de confiance en soi et de concentration. Le succès surprenant du documentaire intitulé *Le Grand Silence*, de Philip Gröning, montre qu'il existe un réel besoin de développer cette capacité à être seul. Ce réalisateur avait demandé au monastère de la Grande Chartreuse, dans les Alpes, l'autorisation d'y tourner un documentaire. Dans cet ordre catholique silencieux parmi les plus austères, les règles de vie n'ont pas changé depuis sa fondation en 1084. Les Chartreux ne proposent pas de stages de méditation, n'accueillent pas d'invités et, généralement, ne reçoivent aucune visite. Une fois par semaine seulement, lors d'une courte promenade, ils brisent leur silence. Dans ce monde du silence, une tout autre réalité émerge, comme le montre la réponse des moines au réalisateur. Ce n'est que seize ans après sa demande que ce dernier recevait l'autorisation de tourner, mais sans musique, équipe de tournage, éclairages artificiels ou interviews. Au bout de presque six mois de tournage, un documentaire a vu le jour, 164 minutes d'un silence presque absolu. Le format de ce documentaire constitue en soi une forme de cloître et ne se borne pas à l'imiter. Les images suivent le quotidien des moines, leur travail, les chants et les prières, sans aucune interview. De prime abord, compte tenu du format, de la longueur et du silence, nous doutons de notre capacité à regarder ce film en entier au cinéma. Or, petit à petit, nous nous détendons dans notre fauteuil, avec le sentiment étrange que ce film pourrait durer éternellement. En dépit de la longueur du documentaire, rares sont les spectateurs à quitter la salle avant la fin. Bien que ce film nous confronte à un mode de vie extrêmement détourné du monde, nous en arrivons à douter de celui-ci, avec tous ses bruits. Difficile d'oublier les regards sereins et concentrés des moines devant la caméra. Pas étonnant, dès lors, que les Chartreux, de tout temps, aient produit autant de grands auteurs religieux et d'esprits créatifs.

De l'autre côté de l'écran, le besoin de silence se fait aussi sentir. Au début des années 1990 s'ouvrait en Angleterre le premier *Quiet Garden*, littéralement « jardin silencieux », c'est-à-dire un lieu calme où la seule consigne est : « Ne faites rien, venez vous asseoir. » Philip Roderick, prêtre et créateur de ce jardin, gère aujourd'hui ce mouvement regroupant dans le monde plus de trois cents zones de calme dédiées à la contemplation. Il peut s'agir de jardins privés, mais aussi d'églises, de centres de méditation, d'écoles, de prisons ou de cliniques, dans lesquels des jardins ou des espaces de calme ont été aménagés. Le silence a un effet salutaire. Les moments de silence constituent une pratique habituelle de toutes les religions. En Espagne, ils étaient inscrits à l'emploi du temps normal des écoles jésuites. Même des personnes qui se sont détournées de l'Église gardent un souvenir positif de cette expérience. D'ailleurs, de nombreuses personnes, une fois adultes, retournent dans des retraites ou participent à des cours de méditation proposés par ces églises. Supporter le silence améliore la capacité de concentration.

SUPPORTER LE SILENCE AMÉLIORE LA CAPACITÉ DE CONCENTRATION

Notre époque moderne a fait passer de mode le silence. Dans son plaidoyer en faveur de la capacité à être seul, le philosophe allemand Odo Marquard écrit : « Ce qui, nous, modernes, nous tourmente, nous torture et nous maltraite, n'est pas seulement [...] la solitude, mais avant tout la perte de la capacité à être seul. » Nous aurions perdu la capacité à être seul et à supporter notre propre individualité. L'obligation au travail en équipe et en groupe constitue l'une des menaces les plus fortes sur la capacité à être seul. Pour Marquard, le groupe est essentiellement un moyen de fuir la solitude : « On fuit [...] dans le collectif, présenté maintenant comme la panacée. Désormais, on peut, au nom de la suppression de la solitude, ne plus rien faire tout seul : ni lire ni écrire, ni travailler ni vivre, ni penser ni dormir, ni parler ni se taire, ni pleurer ni être heureux ; même être seul, on ne peut plus le faire seul ; tout doit être organisé en commun : point de salut en dehors du groupe », écrit Marquard. Pourtant, la solitude bien vécue conduit à une pensée libre et indépendante et à la concentration — deux conditions essentielles à la créativité. Pour restaurer une culture de la capacité à être seul, ce philosophe considère trois éléments comme importants : l'humour, l'éducation et la religion. L'éducation accroît la capacité de perception, car on ne voit que ce que l'on connaît. En outre, selon le philosophe Robert Spaemann, elle intègre aussi la capacité à se distancier de soi et des objets de consommation. L'humour aide à ne pas prendre les choses trop au sérieux. Alan Watts, philosophe bouddhiste et écrivain, était célèbre pour son humour. « Comme être humain, on est toujours un peu coquin », écrivait-il, ainsi que : « Je me sens mal parmi les puristes mielleux. » Dans le même ordre d'idée, il n'y a quasiment aucune photo du Dalaï-lama sur laquelle il ne sourit pas, bien que son destin puisse à maints égards lui offrir matière au découragement : « La vie d'exilé est une vie d'infortune, mais je me suis toujours efforcé de cultiver un état d'esprit heureux, en appréciant les opportunités que m'offrait cette existence de sans domicile fixe, loin de tout protocole. J'ai pu ainsi conserver ma paix intérieure. » Il explique la raison pour laquelle les circonstances extérieures ne suffisent pas à priver quelqu'un de son sens de l'humour : « Cependant je ris souvent et mon rire est contagieux. Quand on me demande comment je trouve la force de rire encore, je réponds que je suis un rieur professionnel », écrit-il dans *Mon autobiographie spirituelle*.

« Pour souffrir de l'oisiveté, que faut-il donc avoir au cœur ? Une solitude sans divertissement est à coup sûr le bien le plus précieux. » Cette profession de foi est celle de Yoshida Kenko, dans *Les Heures oisives*, un texte japonais du XIVe siècle. L'auteur ne connaît pas l'ennui, remplacé par la capacité à l'oisiveté, sans commune mesure avec la paresse au sens contemporain. « Au gré de mes heures oisives, du matin au soir, devant mon écritoire, je note sans dessein précis les bagatelles dont le reflet fugitif passe dans mon esprit. Étranges divagations ! » Ainsi commencent ses célèbres notes. L'oisiveté se définit comme un calme intérieur profond, associé au bonheur d'être seul. L'absence d'intentionnalité dans le faire ouvre un espace aux réalisations créatives, qui ne sont pas déformées trop vite par des objectifs et des jugements. Les recherches actuelles considèrent la liberté d'expérimentation comme une condition de la créativité. Toutefois, la psychologie du travail appréhende avant tout les espaces de liberté extérieurs. Approche tout à fait justifiée, car un cadre factice s'avère peu propice à la créativité, entraînant toujours plus de frustration. Souvent, les possibles nous semblent bien plus nombreux que nos réalisations effectives. Les moyens artistiques utilisés par les créateurs sont contaminés par la liberté de l'art, qui joue les mouches du coche dans des rapports fonctionnels. En matière de liberté extérieure, il en va ainsi : le maître de chapelle choisit la musique. Dans les traditions religieuses mais aussi artistiques, une plus grande valeur est accordée à la liberté intérieure.

L'OISIVETÉ SE DÉFINIT COMME UN CALME INTÉRIEUR PROFOND, ASSOCIÉ AU BONHEUR D'ÊTRE SEUL

3

LA PRISON INTÉRIEURE

Son regard, du retour éternel des barreaux
s'est tellement lassé qu'il ne saisit plus rien.
Il ne lui semble voir que barreaux par milliers
et derrière mille barreaux, plus de monde.

R.M. RILKE

QUANTITÉ DE CHOSES LIMITENT NOTRE APTITUDE À AVOIR DES IDÉES: AGITATION, ÉVALUATIONS HÂTIVES, INCAPACITÉ À ÉCOUTER DE FAÇON ACTIVE

C'est à Paris, en 1902, que Rainer Maria Rilke écrit ce célèbre poème décrivant une panthère dans une cage. Nous aussi, nous nous cognons aux barreaux de notre prison intérieure. Sur le plan psychologique, l'être humain est passé maître dans l'art de s'emprisonner lui-même. L'esprit soucieux, encombré de pensées et d'attentes, construit des cages dans lesquelles nous nous enfermons nous-mêmes. Cela commence souvent par les préjugés qui nous assaillent inconsciemment à propos des souhaits d'un client. Quantité de choses limitent notre aptitude à avoir des idées : l'agitation, des évaluations hâtives, notre incapacité à écouter de façon active. Nombreux sont les barreaux de cette cage à n'exister que dans notre tête, et non dans celle de notre client. Plus nos conceptions sont rigides, plus les routines sont établies, plus la porte de la cage semble se fermer rapidement. En définitive, ce sont l'inattention et l'activisme qui nous enferment. Pour nous rendre compte que les portes sont ouvertes, nous devons parvenir au calme, au calme intérieur. Alors seulement, il nous est possible de voir ce qui nous limite. « Le silence ne vient pas du fait seulement que l'homme arrête de parler », écrit le philosophe Max Picard dans *Le Monde du silence.* Ce philosophe considérait le silence comme « inutilité sainte » ; ce n'est que par contraste avec le silence qu'apparaît la teneur de la communication elle-même. Avec la capacité de se taire, de supporter le silence et de pouvoir être seul se transforment aussi la parole, l'écoute et la capacité de concentration. Celui qui se tait va à la rencontre de lui-même : « Se taire ne signifie pas uniquement ne rien dire, cela implique que je renonce aux possibilités de fuite et que je me supporte, tel que je suis. Je ne renonce pas seulement à parler, mais aussi à toutes les occupations qui me distraient de moi-même. Dans le silence, je me force à être pour une fois chez moi », écrit Anselm Grün. Mais celui qui veut se taire doit apprendre à écouter.

4

APPRENDRE À ÉCOUTER

Face au bombardement sensoriel auquel nous sommes soumis, nous avons besoin de temps d'interruption, de pauses visibles, de silence, écrit le philosophe Wolfgang Welsch. Le monde dans lequel nous évoluons n'est pas seulement visible : nous sommes pris dans une enveloppe acoustique. Quand nous fermons les yeux, nous sommes livrés aux bruits du monde. Même quand nous dormons, nous percevons les bruits extérieurs, et souvent, nous les retrouvons dans nos rêves. Pour explorer la solitude et le silence, nous devons réapprendre à écouter. Déjà Joseph Beuys s'insurgeait contre la prédominance de la rétine, et rien d'étonnant à ce que les principaux acteurs du mouvement Flux proviennent de la musique d'avant-garde. Nam June Paik était élève de Karlheinz Stockhausen avant de devenir célèbre plus tard grâce à ses performances et ses installations vidéo. Nous devrions réapprendre à « dresser l'oreille ». L'écoute exigeante ne concerne pas uniquement la musique, et le « son du monde » mérite de notre part un peu plus d'attention. Comment votre appartement, votre bureau se donnent-ils à entendre ? Si nous avions enregistré les bruits entendus ces cent dernières années dans les appartements ou les bureaux, nous aurions perçu des changements fondamentaux. Et les changements ont toujours des conséquences.

LE « SON DU MONDE » MÉRITE DE NOTRE PART UN PEU PLUS D'ATTENTION

Le compositeur et chercheur en acoustique canadien Murray Schafer, considéré comme l'inventeur de l'écologie acoustique, s'intéresse à la conception acoustique de la Terre. Ainsi, il nomme « *Soundscape* », littéralement « paysage sonore », le son du monde, qu'il répartit en deux catégories. Tout d'abord les bruits, qu'il nomme Hi-Fi, différenciés, profonds, dans lesquels il est possible de distinguer les sons individuels. « Dans le paysage sonore Hi-Fi, les sons se chevauchent rarement, et il existe une perspective acoustique : le premier plan et le fond », écrit Schafer. Les bruits de la nuit ou de la campagne relèvent généralement de cette catégorie. Les cloches de l'église du village voisin, le crissement des pas sur la neige fraîche, de la plume sur le papier, ou le sucre candi lorsque nous versons dessus du thé de Frise orientale — tous ces sons sont exquis. La seconde catégorie est formée par le paysage sonore Lo-Fi, ou, plus simplement, par exemple, le bruit indifférencié au carrefour d'une grande ville. « La perspective auditive est perdue [...], il n'y a pas de lointain ; là ne subsiste que la présence directe. Tous les sons se mêlent dans une sorte de cacophonie », écrit Schafer. Bien évidemment, les sons différenciés sont meilleurs pour l'âme. Le stress visuel et acoustique s'ajoute dans un environnement dans lequel il est difficile de trouver le calme et de se concentrer.

Dans l'histoire des sons, Schafer prend aussi en compte le téléphone, qu'il considère comme un moyen de communication inventé pour interrompre nos pensées. « Sans aucun doute, il a contribué à l'émergence des textos et du langage haché qui caractérisent l'époque moderne », écrit le chercheur. La sonnerie du téléphone appartient au quotidien du bureau. À la différence des autres médias, il constitue une source permanente de dérangement. Son signal acoustique brise le silence et la concentration. Pour se concentrer suffisamment longtemps, la seule solution est de l'éteindre. La messagerie enregistre les demandes de ceux qui appellent, et très souvent, celles-ci n'ont pas de véritable caractère d'urgence. *A fortiori* si nos interlocuteurs ne se donnent pas la peine de laisser de message.

Pour apprendre à réécouter ou à mieux écouter, Schafer a développé un programme d'exercices qu'il nomme « *Earcleaning* ». Au centre de ce programme d'apprentissage se trouve la capacité à « respecter le silence », permettant d'affiner l'audition. Une première expérience consiste à passer une journée à se taire. Il ne s'agit nullement d'un exercice facile. Pour ce faire, vous devez être seul, ce qui est peut-être plus facile un dimanche qu'un jour de semaine. Et, en fonction de votre situation personnelle, vous devrez peut-être quitter votre environnement habituel. La veille, informez vos proches que vous souhaitez vous abstenir de parler du réveil au coucher. Sans doute vous vient-il immédiatement à l'esprit quantité de raisons qui rendent cette expérimentation impossible. Soyons francs : cette expérience est tout à fait réalisable si vous le voulez. Renoncez à la lecture, à Internet et à la télévision. Ce silence doit aussi être un « silence social » ; aussi n'ayez aucun contact avec personne. Vous verrez qu'après une inquiétude initiale, vos voix intérieures se calmeront. Vous pouvez faire des promenades auditives, à savoir parcourir l'endroit où vous vous trouvez en étant attentif à tout ce que vous entendez. Si vous êtes allé dans de grandes métropoles quelle qu'elles soient, vous savez que chaque ville produit un son qui lui est propre. En 1992, dans son dernier album *Doo-Bop*, Miles Davis s'est efforcé de représenter sous forme musicale le paysage sonore de New York. Assis dans sa chambre d'hôtel, fenêtres ouvertes, il écoutait le son de la ville. Il a tiré de cette écoute la base de ses compositions. En vous exposant avec attention aux bruits ou au silence, vous pourrez vous mettre à votre propre écoute. Vous remarquerez aussi l'état émotionnel qui s'instaure en vous. Et, dès que le silence se fera, vous vous rendrez probablement compte que votre tête fait ce qu'elle veut, et que vous n'êtes pas aux commandes.

5

LA VIE DE L'ESPRIT

Quand le calme vient, il est possible d'observer le cours de ses pensées. Bien vite, nous faisons le constat que nous ne décidons pas de ce qui nous traverse l'esprit. D'ailleurs, notre esprit a la capacité de gâcher même la plus belle des situations. Le cadre, en d'autres termes les facteurs extérieurs, ne joue qu'un rôle bien moindre que ce que nous pensons généralement. Tous, nous avons connu des cadres de vacances idylliques, avons eu des clients satisfaits, des carnets de commandes pleins. Pourtant, bien vite, certaines pensées s'imposent à nous : il fait quand même un peu trop chaud ; le client a beau être satisfait, moi, je ne le suis pas... En général, les soucis des indépendants sont de deux ordres : trop ou trop peu de commandes, et entre les deux il n'existe pas de zone intermédiaire, comme le résumait George Bernard Shaw : « Il y a deux tragédies dans la vie, l'une est de ne pas obtenir ce que l'on désire ardemment, et l'autre de l'obtenir. » Les indépendants

NOTRE ESPRIT A LA CAPACITÉ DE GÂCHER MÊME LA PLUS BELLE DES SITUATIONS connaissent cette angoisse de ne pas parvenir à tout faire et celle de ne pas gagner suffisamment d'argent.

Dans son livre intitulé *Ruhe da oben!*, Andreas Knuf décrit le mécanisme de nos pensées. Les doutes, les peurs et les insatisfactions sont moins une question de personnalité que des structures fondamentales de la pensée, qui, selon ce psychothérapeute, sont au nombre de trois : évaluer, commenter et comparer. Faites l'expérience de vous asseoir dans un café et de regarder les gens. Vous remarquerez vite à quelle vitesse les mécanismes habituels se mettent en place et celle à laquelle nous formulons des jugements. Notre esprit commente ce que nous voyons et faisons, et il ne se laisse ni piloter de façon fiable ni s'en tenir aux consignes que nous lui donnons. Ces commentaires et évaluations ont plus à voir avec nous que nous le croyons. Et ils aboutissent souvent à des comparaisons avec autrui, ce qui, du point de vue de la créativité, ne donne généralement pas grand-chose de bon. Soit nous sommes frustrés d'avoir à reconnaître que d'autres sont meilleurs que nous, soit nous devenons présomptueux si nous constatons que nous sommes meilleurs qu'eux. Ces deux attitudes aveuglent ou déforment la perception. Comme le montre Knuf, trois voix rivalisent dans notre tête, qu'il nous est difficile de repousser. Tout d'abord, la voix du pousseur interne, qui cherche à nous priver de toute capacité à l'oisiveté. Chez les créatifs, le déficit de stimulation n'est pas un problème : le plus souvent, ces gens travaillent trop. Mais une bonne gestion de l'énergie personnelle nécessite des pauses et du repos. Notre esprit peut susciter une insatisfaction durable, quel que soit notre niveau de productivité. En outre, il comprend un critique interne qui, dans sa forme la plus aiguë, se manifeste par le perfectionnisme. Ce dernier nuit aux performances et, sur la durée, nous paralyse et nous tourmente. Il s'agit d'une invention de notre esprit, jamais d'un état réel. La perfection ou l'indépassabilité contredisent les faits d'un monde en perpétuelle transformation. Ainsi, dans l'esthétique traditionnelle japonaise, une trop grande harmonie, une représentation totalement symétrique ou encore l'absence de défauts est rejetée. La perfection dans l'art et la création ne sert en effet qu'à nourrir l'illusion qu'un achèvement existerait, ou qu'il serait possible de contrôler ou de maîtriser la vie. Cette illusion aboutit à une déception frustrante, car l'univers ne suit pas nos désirs. « Il en est toujours ainsi ! », pour reprendre une expression des maîtres zen. Pour une large part, notre frustration tient aux luttes intérieures contre des adversaires invincibles. Une petite prière connue du théologien américain Reinhold Niebuhr en résume très élégamment l'enjeu : « Mon Dieu, donnez-moi la sérénité d'accepter les choses que je ne peux changer, le courage de changer celles que je peux, et la sagesse d'en connaître la différence. »

Même quand les autres sont satisfaits et nos clients heureux, notre esprit persiste à générer du doute. Évidemment, il y aurait matière à s'irriter indéfiniment. Cependant, nous devons absolument prendre conscience que toutes ces culpabilisations mentales ne sont que des pensées. Et, la plupart du temps, elles n'ont que peu à voir avec le monde réel. Troisième et dernière voix, selon Andreas Knuf, celle du *pleaser*, qui s'efforce toujours de se montrer amical. Avec les autres seulement. Les personnes très actives, et notamment les femmes entre vingt et trente ans, développent une tendance à l'auto-exploitation. Il existe un moyen simple de le vérifier : traiteriez-vous les autres comme vous vous traitez, vous ? Exigez-vous des autres ce que vous exigez de vous-même ?

Les évaluations générées en permanence par notre esprit limitent la créativité en la censurant. Dès lors, pour gagner en liberté, la seule voie est de prendre du recul par rapport à nos propres pensées. Habituellement, ce qui est qualifié de « coupure » — la télévision, le sport, les sorties entre amis — n'est souvent qu'une fuite devant des émotions désagréables. Notre psyché a la capacité de masquer les expériences désagréables : c'est le mécanisme de dissociation. En principe, celui-ci est prévu pour les cas d'urgence et les situations exceptionnelles, mais dans notre quotidien aussi, nous expérimentons une forme atténuée de ce mécanisme, qu'Andreas Knuf qualifie de stratégies de téléportation-évitement, en référence à la série *Star Trek* et à son vaisseau l'Enterprise. En cas de problème grave, les protagonistes de la série peuvent être téléportés et quitter ainsi la zone de danger. Le sport autant prisé peut vite devenir une nouvelle course à la performance. Notre travail est déterminé par de multiples listes de choses à faire, et nos loisirs par des programmes d'entraînement implacables en vue du prochain marathon, ou de l'escalade de l'Himalaya lors de nos prochains « congés ». Dans une forme pervertie du sport, nombreux ne font que continuer la lutte contre eux-mêmes. Le plus souvent, la télévision constitue la diversion la plus stupide. Rien ne rivalise avec elle en matière de contenu bêtifiant. Mais quand elle se fait plus exigeante, le danger n'en est que plus grand, comme le souligne le spécialiste des médias Neil Postman. La télévision dite « exigeante » constitue en effet une tentation perfide, car elle suggère qu'elle apporterait une valeur ajoutée. Or, regarder des émissions culturelles consacrées à des écrivains, des créateurs, des musiciens ou des artistes célèbres nous détourne justement de la lecture de ces écrivains, de la visite des musées, de la fréquentation des salles de cinéma, de concert ou de théâtre. La télévision rend léthargique ; rien n'est plus simple que de l'allumer. Indépendamment des émissions, la télévision reste toujours la télévision. Même la convivialité peut servir à éviter d'être seul avec soi-même. Tout le monde connaît des personnes, voire des couples, qui s'activent en permanence et évitent de se retrouver seuls. Ils travaillent, sortent, partent en vacances et habitent avec d'autres. Même le rôle des parents aujourd'hui, en raison de ses exigences élevées, offre des conditions idéales de fuite. Une personne se définissant uniquement par rapport à ses enfants et ne laissant de place à rien d'autre dans sa vie court le risque de ne plus avoir de pensées ou de sentiments propres, tout en passant, à tort, pour une mère (ou un père) exemplaire.

Naturellement, le sport est une source de bien-être et peut servir de compensation ; regarder la télévision nous procurer du plaisir ; et sortir voir des amis faire baisser notre niveau de stress. « Il ne s'agit nullement d'arrêter de faire des mots croisés ou de se débarrasser de sa télé. La question n'est pas tant de savoir ce que nous faisons, mais pourquoi nous le faisons. » Buvons-nous un verre de vin le soir pour le plaisir, ou l'alcool nous est-il indispensable pour décrocher et couper ? « Quand un comportement nous sert à nous protéger de sensations désagréables, nous fuyons le présent, mais nous ne sommes déchargés que de façon temporaire », écrit Andreas Knuf. Il est facile de savoir à quoi nous sert telle ou telle activité. Devenons-nous nerveux en y renonçant ? En sommes-nous dépendants ? Seul celui qui réussit à s'échapper de sa cage intérieure dépasse aussi les limitations extérieures. Les cages intérieures sont faites de pensées, et la rationalité elle-même ne peut être d'aucun recours pour en assouplir les barreaux. Cependant, nous avons souvent la fâcheuse tendance à suivre la loi psychologique fatale du « plus de la même chose ». Bien que nous n'ayons aucun adversaire dans le domaine dans lequel nous luttons, nous redoublons de coups, mais ne faisons que brasser de l'air. Penser nous aide peu, dans la mesure où le mental est lui-même le problème. Cette conception est très ancienne. Depuis des millénaires, des approches se sont développées en Asie visant à prendre du recul pour éviter de ruminer. Ces

LES CAGES INTÉRIEURES SONT FAITES DE PENSÉES, ET LA RATIONALITÉ ELLE-MÊME NE PEUT ÊTRE D'AUCUN RECOURS POUR EN ASSOUPLIR LES BARREAUX approches se sont diffusées depuis longtemps dans le monde occidental, et sont étudiées avec attention par la médecine et la psychologie modernes.

6

LA PLEINE CONSCIENCE

Le flux de pensées dans notre tête ne s'arrête jamais, ce que la psychologie occidentale n'est pas sans ignorer. Depuis Sigmund Freud, la plupart des méthodes thérapeutiques ou de soutien visant à influencer notre pensée ou notre comportement se centrent sur la parole. La psychothérapie et le coaching constituent ainsi des « traitements par la parole ». Et comme les thérapies et le soutien moral trouvent leurs origines dans le traitement des maladies ou l'évitement des péchés, ils se concentrent aussi — ce qui est typiquement occidental — sur les aspects négatifs. L'Américain Jack Kornfield connaît les deux mondes : en tant que psychologue clinicien diplômé, il est familiarisé avec les méthodes scientifiques occidentales ; en outre, il a vécu plusieurs années en Asie en tant que moine bouddhiste dans un monastère. Dans son livre consacré à la psychologie bouddhiste, il écrit ainsi : « La foi en notre personnalité limitée et misérable imprègne tellement notre chair et notre sang que nous ne parvenons pas à imaginer comment nous passer d'elle. » Pour la plupart des gens, il est facile de parler pendant une demi-heure de leurs défauts, mais qu'ils essaient de parler ne serait-ce que dix minutes de ce qu'ils aiment et trouvent précieux chez eux... (Ce type d'exercice est généralement très déstabilisant dans les groupes !) À la différence de la psychologie occidentale, le modèle asiatique part d'un noyau noble existant dans l'être humain. De ce point de vue, il n'existe donc pas d'être mauvais, seulement des mauvaises actions. « Nous devrions lutter contre les mauvaises actions, mais non contre les personnes. Car sinon, nous ne faisons que condamner une personne, y compris nous-mêmes », écrit Joko Beck. Les contenus de pensée jouent un grand rôle, et sur ce point la psychologie bouddhiste rencontre la psychologie cognitive occidentale. Les deux partent du principe que ce à quoi nous pensons occupe une place de plus en plus importante dans notre esprit. C'est pourquoi les valeurs et les modes de pensée positifs — le bonheur, la pleine conscience et la compassion — se trouvent au premier plan. Plus nous les cultivons, moins il reste de place pour les peurs, l'avidité et la rage. Et moins nous souffrons de distraction et de dispersion. La pleine conscience implique la facilité à se concentrer. Mais que recouvre exactement la notion très tendance de pleine conscience ?

—

LA PLEINE CONSCIENCE IMPLIQUE LA FACILITÉ À SE CONCENTRER

—

En pali, les mots *sati* et *sampajañña* se traduisent par « conscience perceptive », « vigilance », « conscience », « attention » ou « pleine conscience ». Il s'agit « d'appréhender avec attention et conscience ce qui se produit dans l'expérience directe », écrivent Shauna Shapiro et Linda Carlson dans leur livre *The Art and Science of Mindfulness*. L'importance ne va pas tant à la perception du monde extérieur qu'à l'introspection. « L'étude du bouddhisme ne vise pas à étudier le bouddhisme, mais nous-mêmes », écrit Shunryu Suzuki. Et le Dalaï-lama considère avant tout sa religion comme une science traditionnelle de l'esprit. Le regard est tourné vers l'intérieur : non vers le comportement des autres, mais vers le nôtre. Non vers la pluie ou le soleil dehors, mais vers les pensées et les émotions qu'ils déclenchent en nous. Non vers une humeur personnelle, joyeuse ou triste, mais vers la façon dont cette humeur se manifeste dans notre corps. Nos pensées trahissent avant tout nos propres modes de pensée et non la réalité. Qu'il pleuve ou non, que nous soyons de bonne ou de mauvaise humeur, le comportement des autres, etc., ces événements s'imprègnent en nous en tant que pensées, qui n'ont tout d'abord pas de signification trop importante. Ils vont et viennent, sont là et repartent de nouveau. L'apprentissage de la pleine conscience permet de mieux connaître et de mieux comprendre nos propres schémas de personnalité et de pensée, afin de prendre de la distance vis-à-vis d'eux. « L'obtention de la liberté intérieure de l'esprit est la visée et l'aspiration de centaines de méthodes d'apprentissage et de pratique du bouddhisme. Toutes nous aident à identifier les schémas négatifs menant à la souffrance, à s'en dégager et à les remplacer par des habitudes positives », écrit Jack Kornfield. Dans le bouddhisme, l'introspection se trouve donc au premier plan. Cette religion des petites choses, du quotidien et de la pratique se fonde sur plus de 2 500 ans de pratique de la connaissance de soi. Cet apprentissage et ces méthodes constituent un fonds d'expérience psychologique pour les scientifiques occidentaux. Les techniques de pleine conscience ont des effets positifs sur presque tous les aspects du corps et de l'âme, prouvés maintes fois de manière empirique. Jon Kabat-Zinn, un médecin américain, a eu des résul-

LE REGARD EST TOURNÉ VERS L'INTÉRIEUR : NON VERS LE COMPORTEMENT DES AUTRES, MAIS VERS LE NÔTRE

tats extrêmement positifs dans sa clinique, dans laquelle tout le monde, patients et employés, du médecin au réceptionniste, est tenu de méditer tous les jours. Aujourd'hui, sa méthode intitulée MBSR (Mindfulness-Based Stress Reduction), fondée sur des techniques de pleine conscience bouddhistes et indiennes, compte parmi les méthodes les plus diffusées et les plus en vogue de la médecine (psycho)somatique. En s'exerçant à diriger son attention vers son corps, on entraîne en fait beaucoup plus. « Avec la pleine conscience, au niveau le plus profond, il s'agit de liberté : se libérer de modèles réflexes, de réactions automatiques et, enfin, de la souffrance. La pleine conscience parvient à modifier notre relation à ce qui est. Dès lors, le pouvoir de nos schémas latents et fortement conditionnés peut décroître progressivement. [...] Nous sommes en mesure de prendre plus de décisions conscientes, motivées par une connaissance profonde et claire de ce qui est juste en nous. Nous commençons à entraîner notre esprit, afin qu'il développe la capacité à observer l'esprit avec l'esprit. Et nous commençons dans l'instant présent, car il s'agit du seul endroit d'où nous pouvons partir », écrivent Shapiro et Carlson.

AVEC LA PLEINE CONSCIENCE, AU NIVEAU LE PLUS PROFOND, IL S'AGIT DE LIBERTÉ

S. SHAPIRO / L. CARLSON

Le changement vers la pleine conscience se déroule en quatre étapes, baptisées RAIN par Jack Kornfield : 1. Reconnaissance, 2. Acceptation, 3. Investigation, 4. Non-identification.

Ces quatre étapes peuvent s'appliquer à quantité de situations que nous rencontrons dans la vie et au travail. La première consiste à nous efforcer de regarder en face nos problèmes et à les reconnaître, au lieu de nous en détourner. Ce processus n'est pas toujours agréable, mais il est incontournable. En cherchant constamment à éviter les peurs et les conflits, nous ne faisons que les déplacer vers d'autres terrains. D'ailleurs, plus nous attendons, plus certains prennent de l'ampleur. Les relations sont au cœur de notre vie : relations à nos clients, à nos collègues, à nos supérieurs, à notre conseiller fiscal, à notre conjoint, à nos parents et nos enfants, à nos animaux, à notre ordinateur, à notre voiture et aux moyens de transport publics, et enfin, à nous-mêmes. « Chaque instant de notre vie est une relation. Il n'y a rien d'autre que la relation. Il n'y a rien en dehors du fait d'être en relation », écrit la maître zen américaine Charlotte Joko Beck dans son best-seller *Vivre zen*. Comme nous avons des attentes vis-à-vis de ces relations, qui doivent « marcher », elles se passent mal. Généralement, les autres ne se comportent pas comme nous l'attendons. Nous avons trop ou pas assez de commandes, et les clients se comportent « mal ». Ils nous appellent constamment, alors qu'il serait beaucoup plus agréable s'ils pouvaient se contenter d'envoyer des e-mails. Comme très souvent, la date d'échéance est bien trop rapprochée. Notre conjoint et nos enfants ont aussi des attentes, et si nous sommes honnêtes, nous devons bien reconnaître que nous en avons des plus fortes encore à leur égard. L'ordinateur tombe en panne. Le train n'arrive pas, alors que je suis là à l'attendre sur le quai. Derrière les frustrations et les conflits du quotidien se cachent souvent d'autres problèmes. Quand nous retrouvons un peu de calme, nous savons souvent de manière intuitive ce dont il s'agit. « Reconnaître nous permet de sortir du déni qui sape notre liberté. [...] Accepter nous permet de nous détendre et de nous ouvrir », écrit Kornfield. Si nous éprouvons de la peur, nous devrions y faire face. Si nous avons des attentes cachées, nous devrions les exprimer (seul, pour les vérifier). Les conflits ouverts sont éprouvants, mais offrent cependant — à la différence de ceux qui restent latents et refoulés — la possibilité d'une résolution. Le monde est toujours comme il est. Si nous admettons que nous avons peur, que nous doutons, que nous nous sentons menacés ou que nous avons fait des erreurs, il nous faut alors dans un deuxième temps l'accepter. Tout cela fait partie de la vie et aussi du travail. « Lorsque l'on comprend, les choses sont comme elles sont. Lorsque l'on ne comprend pas, les choses sont aussi comme elles sont », explique Kornfield en reprenant un précepte zen. Accepter ne signifie nullement rendre les armes et renoncer. Bien au contraire : les problèmes deviennent plus supportables quand nous arrêtons de lutter contre eux. Nous avons le droit d'avoir peur, de faire des erreurs et de douter; si nous ne doutions pas, ce serait le signe d'une grande bêtise. Quand la peur est là, elle peut s'installer durablement. Quand nous y faisons face, elle prend moins d'ampleur. Reconnaître sa peur est une véritable preuve de courage.

NOUS AVONS LE DROIT D'AVOIR PEUR, DE FAIRE DES ERREURS ET DE DOUTER ; SI NOUS NE DOUTIONS PAS, CE SERAIT LE SIGNE D'UNE GRANDE BÊTISE

Nombre de personnes se torturent en permanence sur le pourquoi des choses ou sur des questions de sens pour lesquelles il n'existe aucune réponse. Mais cela semble les apaiser de croire un certain temps aux raisons ou aux justifications qu'elles trouvent. L'investigation proposée par la pensée bouddhiste vise certes à explorer nos problèmes, mais non à répondre au pourquoi. Le bouddha racontait une histoire illustrant bien cette approche : si nous sommes touchés par une flèche, il y a deux manières de réagir. Dans la première, plutôt occidentale, nous voulons savoir qui a tiré cette flèche, pourquoi, et nous voulons tuer le responsable, quand bien même nous sommes en train de nous vider de notre sang. La seconde consiste à retirer la flèche et à soigner la blessure. Pour découvrir nos problèmes, il suffit d'observer les circonstances dans lesquelles ils surviennent, leur manifestation concrète, corporelle et mentale, leur durée, et les circonstances dans lesquelles ils disparaissent. Cela ne nous éclaire guère de connaître les motivations des personnes qui se comportent autrement que comme nous le souhaitons. Dans un réseau ferré complexe, dans lequel des milliers de trains circulent tous les jours, des retards se produisent. Une voie ou une caténaire défectueuse a des implications sur de nombreuses liaisons. Les autres trains, circulant sur les mêmes rails, ne peuvent tout bonnement pas éviter le problème. Souvent, il n'y a aucun responsable concret. Et si c'est le cas, l'atmosphère sur le quai change radicalement. L'expression « en raison d'un incident voyageur » suscite rapidement dans toutes les têtes la pensée qu'une personne désespérée a tenté de mettre fin à ses jours en se jetant sous un train. Dans le cas de figure habituel, les personnes se trouvant à la gare, dans un état d'esprit propice au conflit, sont la proie de leur colère. Une colère qui ne change rien au retard, mais qui est éprouvante nerveusement. Généralement, nous le remarquons quand la colère s'empare de nous. Essayez de faire attention à l'endroit exact où votre colère vient se loger dans votre corps. S'agit-il d'une tension dans la tête ou dans l'estomac ? Vous crispez-vous ? Avez-vous envie de taper dans quelque chose ? Combien de temps restez-vous dans cet état ? Celui-ci disparaît-il lorsque le train arrive ? Ou seulement lorsque, dans le train, vous vous joignez aux protestations collectives ?

Découvrez dans quelles conditions votre colère retombe. Peut-être est-ce quand vous allez prendre un café, parce que le retard du train vous donne l'opportunité de le faire. Ou quand vous lisez un article captivant dans le journal, ou que vous écoutez tel ou tel morceau de musique. Ou encore quand vous regardez un enfant s'amuser sur le quai. Ou que vous entamez une conversation avec une personne intéressante. Des retards de trains sont probablement à l'origine de mariages ! Peut-être voyez-vous la lune dans le ciel ou des formations nuageuses. La rage, la colère, le doute et les peurs sont des états corporels vers lesquels vous pouvez diriger votre attention. Comme toutes les pensées, ils viennent par vague : ils arrivent, enflent, s'inversent et diminuent. Vous disposez pour cela d'une source d'information de première qualité : votre respiration. Elle s'accélère et devient moins profonde quand il se passe quelque chose. Souvent, il suffit de respirer profondément une dizaine de fois pour faire diminuer la colère de moitié.

7

CESSER LES ATTAQUES CONTRE SOI-MÊME

Le refus de l'identification constitue la dernière étape du changement vers la pleine conscience. En d'autres termes, cela signifie que vous ne devez pas évaluer ce que vous avez reconnu. Ce précepte s'applique avant tout à vous-même. L'échec, le manque d'argent, la maladie, les blocages constituent des événements éprouvants et douloureux, mais qui, en eux-mêmes, ne sont ni bons ni mauvais. Ce sont simplement des éléments de la vie réelle, laquelle ne cherche aucunement à vous blesser personnellement. Peu importe ce qui se passe : vous n'êtes pas visé personnellement ! « Lentement, au jour le jour, se succèdent les choses du passé », trouve-t-on dans un poème de Yosa Buson. Même si vous vous retrouvez face à un collègue qui vous insulte copieusement, cet événement dit avant tout quelque chose de ce collègue, et non de vous. Cette personne était très en colère, et vous étiez dans sa ligne de mire. Point final. Tous ces phénomènes du monde ne font que s'arrêter chez vous. Demain, ils seront ailleurs. Aujourd'hui, il pleut. Et peut-être pleuvra-t-il trois jours d'affilée. Ensuite, le soleil brillera. Même caché sous les nuages, il est toujours là. Les probabilités sont très faibles pour que nous rencontrions toujours soit le succès, soit l'échec. Les événements de notre quotidien sont « des données objectives du monde. Leur objectif n'est ni de nous aider ni de nous nuire. [...] Nul besoin de s'inquiéter des circonstances qui se produisent dans le monde ; il nous faut simplement les traiter de manière réaliste quand elles se produisent. Si nous traitons un problème auquel nous sommes confrontés, nous pouvons continuer et traiter ensuite le problème suivant. Il n'y a pas d'autre voie », écrit le maître zen Gudo Wafu Nishijima. Ce faisant, il ne faudrait pas nourrir l'espoir de voir se terminer cette succession de grands ou de petits problèmes. Il y en a toujours un suivant, et nous n'en finissons jamais. Certes, nous sommes livrés à nos émotions, mais gardons en tête la phrase d'Andreas Knuf : « Tu n'es pas ton émotion, tu as une émotion. » Souvent, nous nous identifions trop fortement à nos problèmes, et nous avons le plus grand mal à prendre du recul. Ne pas s'identifier complètement à nos problèmes permet de retrouver une distance par rapport aux événements. Ces problèmes perdent de l'importance et deviennent aussi plus ordinaires. Ayya Khema propose un processus en trois étapes : tout d'abord, reconnaître les problèmes. Ensuite, ne pas les juger ! Enfin, les traiter et

TU N'ES PAS TON ÉMOTION, TU AS UNE ÉMOTION

A. KNUF

changer quelque chose. Reconnaître sans juger, puis changer les choses. Comment apprendre à le faire ?

8

LA MÉDITATION, UN CESSEZ-LE-FEU POUR L'ESPRIT

Les pratiques qui aident à lâcher prise sur le mental et à mieux se connaître sont très bénéfiques. Nombreux sont ceux qui choisissent de soulager leurs maux de dos grâce au yoga, au qi gong ou au tai chi, et la méditation est conseillée pour mieux gérer son stress. Au bout d'un certain temps cependant, ceux qui s'y adonnent prennent conscience qu'il ne s'agit pas uniquement de gymnastique ou de technique de relaxation. Les exercices nécessitent une grande attention à soi et aident à se relier de nouveau à son corps. Même les effets, aujourd'hui bien connus, de la méditation bouddhiste, notamment celle des écoles reconnues (zen, tibétaine, theravada) aident à dépasser ses propres limites et ses peurs. Pour se libérer de sa cage intérieure, il n'existe ni trucs

POUR SE LIBÉRER DE SA CAGE INTÉRIEURE, IL N'EXISTE NI TRUCS RAPIDES NI MÉDICAMENTS

rapides ni médicaments. Nos schémas de pensée et nos émotions sont stables ; elles sont le produit de toute notre vie et rien ne peut les changer rapidement. En outre, comme le rappelle Andreas Knuf, les émotions ne constituent pas uniquement des réactions à des événements extérieurs : « Le plus souvent, nous héritons nos schémas de réactions de nos parents ou d'autres personnes de notre entourage. Une personne ayant eu une mère inquiète réagit souvent plus tard dans sa vie par de l'anxiété, et celle qui a eu un père colérique par des accès de colère. Raison de plus pour apprendre à observer les émotions et ne pas se laisser submerger par elles. Quel est l'intérêt d'être pris dans des émotions qui ne nous appartiennent absolument pas, mais sont copiées sur d'autres ? »

La pratique continue de la méditation a des effets positifs. Les personnes qui prennent leurs pensées ou leurs émotions trop au sérieux sont la proie de celles-ci. « Ce qui rend la vie si épouvantable, c'est que nous nous laissons enterrer sous les débris de nos pensées chaotiques. Il faudrait éviter de le faire. S'il vous plaît, pratiquez vraiment », a déclaré Charlotte Joko Beck lors d'une conférence organisée pendant un séminaire de méditation. Aux pensées chaotiques succèdent des émotions, vis-à-vis desquelles il n'est souvent plus possible de prendre de la distance. Les formes de méditation intellectuelles et corporelles visent à assouplir l'esprit et le corps. Ces pratiques ont des effets positifs sur les ruminations fréquentes ou habituelles. Dans la méditation, la posture correcte en (demi-)lotus joue un rôle important ; la méditation se pratique avant tout avec le corps. Il est essentiel d'apprendre au sein d'une école de méditation sérieuse. Impossible d'apprendre le yoga ou la méditation assise (zazen) dans un livre ou avec une vidéo. Il s'agit de bien plus que d'exercices de concentration et de techniques de relaxation. Les techniques de méditation sérieuses ne constituent pas un entraînement autogène et ne peuvent pas non plus être comparées au sentiment de déconnexion éprouvé dans la pratique sportive. (Malheureusement, il s'agit d'une idée répandue.) Si vous focalisez votre attention sur votre souffle et essayez de compter vos respirations jusqu'à dix, vous vous rendrez compte avec quelle rapidité il est possible de prendre du recul. Les pensées arrivent en permanence, notre esprit les produit sans interruption. La méditation nous permet d'apprendre à considérer ces pensées de l'extérieur et à les lâcher. L'objectif n'est pas de se défaire de ses modèles de pensée : c'est impossible, ou cela ne se fait que très lentement. Mais, avec le temps, nous voyons, à travers nos structures de pensées et d'émotions, ce qui apporte une liberté considérable. En pratiquant avec assiduité, nous devenons plus calmes, plus libres, plus concentrés, et cela plus longtemps. Notre esprit génère des schémas de pensées qui nous emprisonnent. Comme nos pensées parlent surtout de ces schémas et moins de la « réalité », chacun tirera profit à se familiariser avec ses modes de réactions. Andreas Knuf recommande de ranger les pensées dans trois tiroirs : passé, avenir et absurdité. Très vite, on s'aperçoit qu'il ne reste que peu ou plus de pensées douloureuses. Le flux de pensées ne cesse jamais — le cerveau pense —, mais il est plus facile de lâcher prise. Si nous pratiquons régulièrement, nous ne sommes plus autant la proie de nos émotions et de nos impulsions. N'attendez de la méditation ou du yoga aucun effet direct, tous les deux sont des voies spirituelles, dont les effets ne se dévoilent que lentement, mais de façon durable. Pour beaucoup de personnes, la méditation quotidienne (avant le petit déjeuner ou le soir) est le seul moment dont elles n'attendent rien d'utile ou de concret. « Nous fabriquons nous-mêmes notre stress. Nous faisons la course, cherchons à arriver le premier. Nous devons arrêter cette compétition, faire une pause. »

La méditation devrait être considérée comme un « cessez-le-feu dans la vie », écrit le maître zen Kodo Sawaki. Les techniques de méditation ne sont pas non plus des techniques de créativité : elles sont la seule voie pour reconnaître la cage mentale qui existe en nous et en desserrer progressivement les barreaux. Par la concentration, la connaissance de nos modes de comportement, la présence à soi, nous acquérons une plus grande liberté. Nous développons également une plus grande tolérance aux interférences créatives, sans que celles-ci s'accompagnent d'agressivité ou de mise en acte par défi. Pour s'échapper de la cage, nul besoin de pied-de-biche, mais de pratique quotidienne. L'approche asiatique par la méditation présente l'avantage d'être extrêmement pratique et axée sur le quotidien. Nul besoin de croire en quelque chose, ni d'être expert sur le sujet. Il suffit de pratiquer ! Essayez, et ne vous posez pas la question de savoir si vous devez ou non méditer. « Zazen » signifie cesser de recourir à des prétextes, de se justifier, et, en définitive, de parler — à voix haute ou en monologue intérieur. « Pratiquer est quelque chose de très simple. Mais cela ne signifie pas pour autant que cette pratique ne changera pas votre vie du tout au tout. [...] Pratiquer assis est le plus simple. Au quotidien, notre vie est dans un mouvement perpétuel : il se passe toujours quelque chose [...] La méditation ne s'articule pas autour d'un état, mais autour de la personne qui médite. Il ne s'agit pas d'une activité banale, ni de s'accrocher ou de chercher à atteindre quoi que ce soit. Il s'agit de nous-mêmes », écrit Joko Beck. Participez à une initiation et pratiquez pendant six semaines, sans vous poser de questions. Ensuite seulement, demandez-vous si vous voulez continuer. C'est la seule façon de déterminer si cette voie est la vôtre, et de mesurer les effets sur votre créativité. John Daido Loori, photographe et

POUR S'ÉCHAPPER DE LA CAGE, NUL BESOIN DE PIED-DE-BICHE, MAIS DE PRATIQUE QUOTIDIENNE maître zen réputé, écrit dans *The Zen of Creativity* : « Le point de silence est le cœur du processus créatif. Dans le zen, nous trouvons par le zazen [méditation assise] l'accès à ce silence. Le point de silence est comme l'œil du cyclone. Silencieux, calme, même en plein chaos. Beaucoup croient qu'il s'agit d'un vide, duquel le monde serait exclu, mais c'est faux. Être dans le silence signifie se vider du flux incessant des pensées et entrer dans un état de conscience ouvert et réceptif. Le silence est tout à fait naturel et simple. Il n'est en aucun cas ésotérique — et pourtant, sa signification est considérable. »

4

VIVRE ET SOUFFRIR

1

ÊTRE INSATISFAIT DE SOI ET DU MONDE

Assis sur une plage magnifique, au bord de l'Atlantique, vous regardez la mer et savourez la douce brise marine sur votre peau. Le monde s'offre à vous sous son versant positif. Pourtant, vous vous sentez insatisfait et frustré. Dans votre esprit bouillonnent des inquiétudes professionnelles, des conflits avec des collègues ou des clients. Dans l'hôtel où vous êtes descendu, une broutille vous agace. Le café n'est pas terrible, et il n'y a pas de Nutella au petit déjeuner. Vous sentez la colère monter : pourquoi, en cet instant, faut-il que vous ruminiez des pensées négatives ? Tout pourrait aller si bien, d'ailleurs tout va bien. Mais votre mental ne vous laisse aucun répit, et c'est frustré que vous regagnez votre chambre.

Alors qu'en situation de tension nous mobilisons notre énergie pour lutter, l'insatisfaction nous gagne vite quand nous avons quitté le « champ de bataille ». Avoir du temps libre ne signifie malheureusement pas que nous sommes en capacité d'éprouver de façon positive cette liberté gagnée. Quelles que soient la situation et la latitude, le désespoir peut se manifester. Et plus le monde s'offre à nous sous son versant paradisiaque, plus notre esprit trouve matière à ergoter. Ce dernier ne semble pas être fait pour se détendre dans un hamac ; il ne connaît malheureusement pas d'état naturel de calme. Avant de commencer à s'ennuyer parce que, décidément, tout va trop bien, il invente des problèmes. Même quand nous dormons, il ne fait jamais de pause. Les cerveaux des créatifs ont une plus grande vulnérabilité au désespoir, puisqu'ils résolvent constamment des problèmes d'une très grande complexité. Alors que la plupart des catégories professionnelles ont à résoudre des tâches bien définies, les créatifs se retrouvent souvent confrontés à des défis qu'il n'est pas toujours facile d'identifier clairement. Ils cherchent et trouvent des problèmes pour lesquels ils élaborent ensuite des solutions visuelles, linguistiques ou matérielles. Ils sont insatisfaits de ce qui existe déjà, mais à aucun moment la création n'est une activité aisée. En elle-même, la recherche de problèmes peut s'avérer pénible, mais la réalisation des solutions imaginées s'apparente à une course d'obstacles. Cette phase de réalisation mobilise une énergie considérable, et le risque d'échec est très élevé. Les créateurs géniaux se caractérisent non par le fait qu'ils soient capables de mettre en œuvre, tout de suite, les meilleures idées, mais par leur très grande capacité à persévérer et à recommencer. Ils sont capables de se servir de la frustration comme d'un moteur, sans se laisser abattre. Parmi eux, la proportion de ceux qui éprouvent de la souffrance, envers eux-mêmes et le monde, est probablement plus élevée que parmi les conducteurs de chariots élévateurs ou les conseillers fiscaux. Mais cette souffrance peut servir de moteur, quand elle n'est pas extrême au point de paralyser. Le spectre est large, de la frustration

LES CERVEAUX DES CRÉATIFS ONT UNE PLUS GRANDE VULNÉRABILITÉ AU DÉSESPOIR légère aux dépressions fortes. Il suffit de regarder les films d'Ingmar Bergmann, d'Andreï Tarkovski ou de Lars von Trier pour pressentir les tourments éprouvés par leur créateur.

La créativité ne consiste pas, « en définitive, à voir et à éprouver les choses un peu autrement », écrit le journaliste scientifique Bas Kast. Les émotions et l'intuition jouent un rôle considérable, et des fluctuations émotionnelles extrêmes ne sont pas rares chez les créatifs. L'histoire de la créativité est traversée par la dépression, les drogues et le suicide. Dans sa forme extrême, « c'est l'alternance bipolaire entre manie et dépression qui relance la créativité », écrit Kast. Les phases maniaques se caractérisent par une très forte créativité, suivie par un épuisement intense. Modérée, cette alternance constitue un processus tout à fait banal et ressenti comme positif : à la tension et la productivité succèdent la détente et la relaxation. Cependant, dans sa forme la plus extrême, elle peut aussi aboutir à une perte de contrôle totale.

2 SALE TEMPS POUR LA BONNE HUMEUR

Depuis la Renaissance, l'être humain est plus libre, mais aussi plus triste. Le nombre de suicides ne cesse de croître partout dans le monde. Les dépressions comptent parmi les maladies les plus fréquentes, et des millions de personnes, aux États-Unis comme ailleurs, sont sous antidépresseurs. Pourtant, les raisons de ce mal-être ne se trouvent pas uniquement dans nos têtes. Alors qu'au Moyen Âge, chaque individu avait une place attribuée, aujourd'hui, chacun doit trouver la sienne et se la faire lui-même. En outre, ce qui nous définit en tant qu'individu n'est plus établi, ni par l'ordre naturel ni par l'ordre divin. Nous devons nous définir nous-mêmes comme individus. Notre culture exige un travail à vie sur nous-mêmes. Nous sommes en apparence inachevés, et nous avons la responsabilité de travailler sur notre personne. La communauté nous aide rarement dans cette entreprise, compte tenu de

—

NOTRE CULTURE EXIGE UN TRAVAIL À VIE SUR NOUS-MÊMES

—

l'individualisme actuel. Quelles en sont les répercussions ? Nous sommes entourés d'êtres humains qui doivent d'abord prouver qu'ils sont des individus. Mais si tous sont contraints de se définir et de paraître uniques, la situation devient complexe. Et ce paradoxe entraîne une pression psychique.

Récemment, dans la devanture d'une petite boutique de confection, j'ai vu la pancarte suivante : « Le matin, tous les gens se ressemblent. Alors, ils s'habillent. » Cet aphorisme amusant résume bien ce que la sociologue italienne Elena Esposito écrit sur le « caractère obligatoire du transitoire » : la mode est ce qui nous aide à apparaître individuel, alors que, paradoxalement, nous faisons tous la même chose, à savoir la suivre, jusqu'à la prochaine. Notre individualité, si tant est qu'elle existe, est donc en fait invisible. En revanche, les vêtements ne le sont pas ! Et, en tant que signalétique la plus importante de notre quotidien, notre deuxième peau crée l'illusion qu'il serait ainsi possible de voir de l'extérieur la personne que nous sommes. Si la mode est si créative et si suivie, c'est parce que ses présupposés fonctionnent : le premier jugement porté sur une personne s'effectue sur ses vêtements, qui nous permettent de définir globalement la catégorie professionnelle et le milieu auxquels elle appartient. En observant les aires de jeu d'une ville, il est frappant de remarquer à quel point des différences nettes de milieu transparaissent dans les vêtements des enfants. En outre, en deux cents ans, les miroirs se sont imposés dans toutes les couches de la population. Faites l'expérience de décrocher l'espace d'une journée tous les miroirs de votre appartement, et vous prendrez conscience du pouvoir considérable que cet objet en apparence insignifiant a sur vous. Sortez-vous jamais de chez vous le matin sans vous être regardé dans le miroir ? Le philosophe Peter Sloterdijk disait que depuis que les miroirs s'étaient imposés, nous n'avions plus besoin de dictateurs : le contrôle, nous l'effectuons désormais nous-mêmes en nous inspectant de manière critique dans le miroir. Et le regard dans le miroir peut devenir un véritable supplice. Le maître zen Thich Nhat Hanh recommande d'utiliser cet autocontrôle en sens inverse : « Quand vous sentez la colère et la rage monter en vous, regardez-vous dans un miroir. Quand vous êtes furieux, vous ne paraissez pas particulièrement à votre avantage. Des centaines de muscles de votre visage se tendent fortement. Votre visage ressemble à une bombe juste avant l'explosion. [...] Ayez un miroir sur vous pour vérifier votre état. Après avoir inspiré et expiré plusieurs fois, la tension se dissipe, et vous ressentez un certain soulagement. » Ainsi, cette pression peut aussi servir à vous préserver d'une rage inutile.

Le sociologue français Alain Ehrenberg considère notre époque comme une période « qui exhorte chacun à l'initiative personnelle et l'oblige à devenir lui-même ». Alors que, dans le passé, les individus étaient plutôt contrôlés, censurés et, par des punitions draconiennes, contraints à la discipline, nous sommes confrontés aujourd'hui à la contrainte des décisions individuelles et de l'initiative personnelle. « L'individu n'est plus agi par un ordre extérieur [...], il doit s'appuyer sur ses ressorts internes et sur ses compétences mentales [...]. Les notions de projet, de motivation, de communication dominent notre culture normative. Elles sont les mots de passe de l'époque », écrit Ehrenberg. Ces trois concepts sont omniprésents dans les studios, les agences et les bureaux des créatifs. Créer quelque chose signifie améliorer l'existant. Peter Sloterdijk formule l'un des impératifs catégoriques de la création : « Présente ta création de sorte que la motivation de ton existence puisse être comprise comme expression et incitation à une quête d'amélioration. » À l'époque moderne, outre l'économie, la créativité est aussi assujettie au concept de croissance indéfinie. Nos produits doivent être de plus en plus parfaits, mais nous aussi. Ce ne sont pas seulement nos commandes, mais bien nous-mêmes, que nous appréhendons désormais comme un projet. La liberté génère une pression de plus en plus forte ; Peter Sloterdijk considère d'ailleurs que « la différence est de plus en plus frappante entre ceux qui font quelque chose d'eux et ceux qui le font peu ou pas ». Il en résulte un épuisement plus grand parce qu'il nous faut sans cesse nous efforcer d'être nous-mêmes et de paraître singulier. Les créatifs — qui doivent paraître plus originaux que les autres — sont considérablement exposés à cette pression sociale implacable. Ces obligations culturelles sont difficiles à identifier. Au quotidien, elles paraissent invisibles, car, occupés par les contraintes courantes, nous n'avons pas le loisir d'y réfléchir. Nous devons nous lever tous les matins, aller travailler, vivre. Pourtant, ces contraintes se traduisent en nous par de la mauvaise humeur: Les idées moroses suivent donc une logique, qu'il convient d'examiner de plus près.

—

IL NOUS FAUT SANS CESSE NOUS EFFORCER D'ÊTRE NOUS-MÊMES ET DE PARAÎTRE SINGULIER

—

3

UNE MOROSITÉ CONTAGIEUSE

Nos pensées sont invisibles pour les autres, mais nos émotions s'expriment de façon corporelle. « Elles informent les autres de ce qui se passe en nous », écrit le psychologue et spécialiste des émotions Paul Ekman. Généralement, les causes de nos émotions sont difficiles à comprendre ; les pensées peuvent certes constituer un déclencheur, mais souvent, ces émotions émergent d'elles-mêmes. De petits événements insignifiants sont susceptibles de déclencher des émotions fortes. Certains jours, si nous nous sommes levés du pied gauche, notre humeur est morose, sans qu'il y ait pour cela de raisons extérieures. Certains jours, nous nous irritons qu'il pleuve ou qu'il fasse froid le matin, alors que d'autres jours, nous prenons simplement un parapluie et nous nous habillons plus chaudement, sans en être affecté. En eux-mêmes, les événements contiennent de nombreux déclencheurs possibles pour nos émotions. Mais il ne s'agit pas d'une fatalité.

Ces schémas de réactions émotionnelles sont hérités de l'enfance ; le plus souvent, nous n'en avons pas conscience. En tout cas, ils ne proviennent pas de nous, mais constituent des « copies » de notre environnement. Paul Ekman définit les émotions comme des états courts qui s'accompagnent de multiples sensations. Cependant, ces émotions peuvent perdurer et créer des humeurs persistantes. Un grand abattement, tout comme d'autres émotions, peuvent alors faire office de filtres à nos connaissances et à nos perceptions. Nous basculons dans un état « dans lequel nous ne pouvons nous souvenir que d'informations qui correspondent à ces émotions », écrit Ekman. Si, le matin, le pot de Nutella est vide et que notre rituel du petit déjeuner s'en trouve ainsi perturbé, cette brève frustration peut, de façon tout à fait irrationnelle, se muer en morosité persistante, que nos perceptions déformées s'empressent d'alimenter : la météo ne nous convient pas ; les gens semblent inamicaux ; les transports sont bondés ; au bureau, la sonnerie du téléphone nous tape sur les nerfs ; nous nous sentons mal à l'aise dans nos vêtements. L'élément déclencheur de cette mauvaise humeur est depuis longtemps oublié. « Nous ne voyons pas le monde comme nous le devrions si nous n'étions pas de cette humeur. Celle-ci déforme nos réactions et les limite », écrit Paul Ekman. Une tendance à ruminer prédispose à la mauvaise humeur, et les angoisses sont renforcées par le doute et les pensées incessantes.

Les créatifs, qui ont besoin de beaucoup de solitude pour mener à bien leur travail, se retrouvent souvent « enfermés » à travailler chez eux, dans des bureaux ou des ateliers. Sans contacts sociaux, il est plus difficile de chasser une humeur morose, car personne ne vient nous détourner de nous-mêmes. Nous sommes livrés à notre « dépendance à l'autocritique », un schéma de pensée insidieux dont nous avons toutes les peines du monde à nous libérer. « Ces convictions ont toujours une coloration négative ; elles s'apparentent à des lunettes sombres à travers lesquelles nous interprétons la "réalité" », écrit Ezra Bayda dans *Vivre le zen*. Nous

NOUS APPRÉHENDONS NOS JUGEMENTS DÉVALORISANTS SUR NOUS-MÊMES COMME LA RÉALITÉ

appréhendons nos jugements dévalorisants sur nous-mêmes comme la réalité, et notre vie nous apparaît alors comme un “puzzle insatisfaisant”. [...] Ces filtres négatifs, résultant d'expériences désagréables du passé, façonnent notre réalité, bien qu'ils ne les expriment ni de façon directe ni de façon exacte », poursuit Bayda. Dans l'ensemble, les aspects psychologiques du quotidien relèvent d'un malentendu bien plus grand : nous prenons tant nos émotions au sérieux que nous en devenons dépendants. Très souvent, nous accordons bien trop d'importance à nos états d'âme et, par la même occasion, à nous-mêmes.

SURMONTER LA TRISTESSE

Dans la tradition chrétienne, la tristesse compte parmi les maux fondamentaux dont l'être humain souffre, mais qu'il peut cependant travailler à surmonter. Elle est souvent liée à une vision idéalisée du passé. La comparaison aux autres — naturellement à notre désavantage — alimente également la frustration. Ces maux, pour les moines, constituent les huit caractéristiques de l'être humain qui le détournent de Dieu. Outre la tristesse figurent dans ces maux la gloutonnerie, la cupidité, la colère, l'indolence, la recherche de la gloire, l'impudeur et la fierté. Notons que cette liste regroupe à la fois les maux et les émotions qui nous tourmentent et perturbent également notre concentration. Elle montre aussi que nous avons tendance à rendre trop vite responsables « les médias » de notre distraction ! Impossible de travailler de façon concentrée après un repas plantureux, ou si nous nous sentons léthargiques, en colère, aveuglés par la fierté, abattus par la tristesse ou assaillis de pensées. Dans le bouddhisme tibétain, ces maux sont représentés comme des démons. En Occident, le Moyen Âge débutant découvre le « démon de midi », à savoir la paresse (l'acédie), qui nous prend tous à certains moments dans notre travail. Sur ce plan, la théorie des huit maux s'avère étonnamment proche de notre quotidien ; elle est aussi très fine sur le plan psychologique parce qu'elle permet de mettre à distance les pensées indésirables en les nommant. Essayez de vous représenter mentalement votre tristesse ou votre perfectionnisme. Quelle apparence auraient ces démons ? Donnez-leur des noms et commencez à leur parler : parfois, il est possible de les bannir par un ordre clair.

PERSONNE N'ÉCHAPPE À LA TRISTESSE, ELLE FAIT PARTIE DE L'EXISTENCE

Personne n'échappe à la tristesse, elle fait partie de l'existence. La différence se situe sur la façon dont nous l'acceptons et la gérons. À l'instar des peurs, elle peut, sous une forme modérée, s'avérer productive. Lars von Trier dit qu'il soigne ses dépressions par ses films. Les psychologues ne recommandent plus de tenter de remplacer une pensée négative par une pensée positive. Cette technique donne peut-être des résultats sur les maux peu graves, mais elle ne devrait en aucun cas nous amener à réprimer la part négative en nous. Comme l'avait établi Sigmund Freud, un retour du refoulé peut se produire, c'est-à-dire que ce que nous réprimons et refoulons peut revenir avec une force accrue. Il convient donc de traiter les humeurs indésirables. Mais comment ?

Tout d'abord, il est nécessaire de vérifier si ce que nous éprouvons est bien une forme de tristesse que nous sommes en mesure de surmonter par des moyens simples. En Occident comme en Asie, pendant des siècles, la culture désapprouvait l'expression des émotions en public. Le sociologue Richard Sennett constate que ces règles de conduite deviennent obsolètes, et que nous subissons aujourd'hui une « tyrannie de l'intimité ». Quiconque prend les transports publics ne peut que déplorer l'utilisation fâcheuse des téléphones portables, et apporter de l'eau au moulin de Sennett. Les drames amoureux et les récits de maladies qui nous sont ainsi imposés nous font honte pour ceux qui les racontent ainsi sans pudeur. Il en va de même pour la mauvaise humeur. « Aujourd'hui, il est de bon ton de se sentir frustré et de s'accrocher à ses sentiments de frustration, au point qu'ils se lisent sur votre visage », écrit Anselm Grün. Or, les petits maux se renforcent souvent quand nous commençons à les montrer. Les autres s'occupent de nous, ce qui nous rend indolents. « Dans la tristesse, nous nous apitoyons sur nous-mêmes et ne faisons que ressasser nos problèmes sans pour autant les résoudre. En fait, nous jouissons de notre tristesse, nous nous y accrochons, nous en avons besoin pour ne pas avoir à changer », poursuit Grün. Cet état d'esprit égocentré est proche de la colère, de l'apathie et de l'inertie. Il convient donc d'examiner avec attention les états de mauvaise humeur dont nous ignorons les causes. De nombreuses souffrances trouvent leur origine dans une ambition inavouée. « La plupart du temps, des attentes trop élevées vis-à-vis de soi et de son environnement constituent les raisons à un état de tristesse. On est insatiable dans son désir de réussite et de possession, d'aide et de reconnaissance. Comme les désirs exagérés ne sont pas comblés, on se retire, offensé, blessé et frustré, dans sa tristesse, pour solliciter ainsi l'aide d'autrui », écrit le moine bénédictin.

AUJOURD'HUI, IL EST DE BON TON DE SE SENTIR FRUSTRÉ
A. GRÜN

DE NOMBREUSES SOUFFRANCES TROUVENT LEUR ORIGINE DANS UNE AMBITION INAVOUÉE

5

LA LOGIQUE DES PENSÉES NÉGATIVES

Une humeur sombre a toujours une origine. Tout d'abord, ce n'est pas du tout l'émotion originelle en soi qui mène à la frustration, mais notre réaction forte à cette émotion. « La tristesse en soi n'est pas un problème — c'est une composante naturelle et inévitable de la vie. Le problème, ce sont les conceptions dures et négatives que nous avons sur nous-mêmes », écrivent Mark Williams, professeur de psychologie clinique à l'université d'Oxford, et ses coauteurs. En phase dépressive, les individus sont assaillis de pensées dévalorisantes qui surgissent automatiquement dans leur tête et ne peuvent être chassées. Dans ce type de situation, les événements réels ne jouent souvent aucun rôle prépondérant. Tout dépend de la façon dont nous interprétons les faits du quotidien. Des interprétations sombres de ce qui est vécu génèrent des émotions et des humeurs dépressives, dans lesquelles nous restons enfermés. Les faits se confondent avec les pensées, que nous élaborons par-dessus les premiers. « Sans cesse, nous nous expliquons le monde et réagissons de façon émotionnelle à ces explications et non aux faits », poursuit le psychologue. Cependant, il existe différentes possibilités pour changer ces fausses interprétations : soit en tentant de rectifier ces pensées, soit, ce qui serait probablement plus efficace, en pensant autrement. Plus nous ressassons et ruminons nos pensées, plus nous nous enfonçons dans un marasme mental. Or, nous ne sommes pas qu'une tête ; une autre ressource peut être utilisée : notre corps. Les dépressions sont de nature cognitive, mais il existe des possibilités via les perceptions corporelles pour laisser filtrer un rai de lumière dans l'obscurité. « Même un bref instant de pleine conscience peut briser la chaîne des événements susceptible d'induire un abattement chronique », écrit Williams. Dans des phases de stress, notre état s'aggrave souvent davantage parce que nous bougeons moins, que nous dormons mal ou que nous coupons le lien avec la nature, ceci constituant des brise-glace efficaces.

6

DÉPRESSION ET AIDE PROFESSIONNELLE

Les baisses d'humeur temporaires décrites jusqu'ici, qui font partie de la vie et que chacun connaît, n'ont rien à voir avec les véritables dépressions. Quand, dans le langage courant, nous disons de quelqu'un qu'il est dépressif, la plupart du temps son état est sans rapport avec celui induit par la maladie diagnostiquée. Les dépressions sont très courantes et, par leur propension au suicide, peuvent constituer un danger vital. Les psychologues parlent de dépression lorsqu'un abattement psychique très douloureux dure plus de deux semaines et revient. La dépression se manifeste par toute une palette de troubles : manque d'appétit et insomnie, auto-dévaluation permanente et sentiments de solitude, incapacité à se concentrer, peurs et perte de libido. Si vous ne tirez plus aucun plaisir des activités que vous aimez, que vous voyez l'avenir en noir et que vous n'avez plus le goût à vivre, vous devez absolument consulter un professionnel. La maladie restreint considérablement la vie et peut aboutir à l'incapacité de travail ou, pire, conduire à la mort. Aujourd'hui cependant, les dépressions se traitent bien. Le contact avec des personnes déprimées est éprouvant, car la maladie a aussi des effets sur l'entourage. Nos réactions intuitives ne sont généralement pas adaptées : des paroles positives ou d'encouragement ne suffisent pas à redonner le moral aux personnes dépressives ; la pitié ne constitue pas non plus une réaction appropriée. Les personnes touchées par cette maladie et leur entourage doivent consulter. Ni les conseils d'amis ni les livres ne suffisent à échapper à la maladie.

—

DES PAROLES POSITIVES OU D'ENCOURAGEMENT NE SUFFISENT PAS À REDONNER LE MORAL AUX PERSONNES DÉPRESSIVES

—

5

CRÉATIVITÉ ET SPIRITUALITÉ

1

DEVENIR HEUREUX

L'être humain aspire au bonheur, s'accordent à penser de nombreux maîtres, des philosophes anciens au Dalaï-Lama. Même si une forme atténuée de souffrance peut parfois servir de moteur, il n'en demeure pas moins que les personnes heureuses résolvent leurs problèmes mieux et plus vite, ont plus d'idées, une meilleure capacité de représentation spatiale et, dans l'ensemble, sont plus créatives et en meilleure santé. Ce sont, en résumé, les conclusions des recherches scientifiques sur le bonheur. « La créativité est propice à la réussite professionnelle et est favorisée par la bonne humeur. [...] Les personnes heureuses forment aussi plus d'associations inhabituelles », écrit le psychologue Anton Bucher dans son essai *Psychologie des Glücks*. À l'issue de leurs recherches, Daniel Goleman et son équipe en arrivent à la conclusion que la joie, la responsabilité et la confiance constituent « la langue universelle de la créativité ». Le bonheur accroît la flexibilité cognitive et, de ce fait, la capacité de création. Mais comment devient-on heureux ? Cette question fondamentale de l'art de vivre philosophique peut être examinée de façon pragmatique. Les ruminations constituent la principale entrave au bonheur. Des pensées négatives relatives à votre passé, qui ne peut plus être modifié, ou, à l'avenir, qui n'est pas encore là, empêchent de se satisfaire de la situation dans laquelle vous vous trouvez justement : le présent ! En outre, les ruminations nuisent à la capacité de concentration et, dès lors, à la créativité. « L'un des secrets des gens heureux consiste à penser peu au bonheur et peu à soi », écrit Anton Bucher. La personne malheureuse tourne autour d'elle-même en pourchassant le bonheur.

L'UN DES SECRETS DES GENS HEUREUX CONSISTE À PENSER PEU AU BONHEUR ET PEU À SOI

A. BUCHER

Cependant, le résultat le plus important des recherches sur le bonheur est que « seuls dix pour cent environ de notre niveau de bonheur dépendent de circonstances extérieures — parmi lesquelles être riche ou pauvre, en bonne santé ou malade, beau ou laid, marié, divorcé ou quoi que ce soit d'autre », écrit Sonja Lyubomirsky. Depuis une vingtaine d'années, cette professeure russo-américaine de psychologie explore ce qui nous rend heureux. Les résultats de la quasi-totalité des recherches pointent dans une direction : « Ce que nous pensons de nous et du monde a plus d'influence sur notre bonheur ou notre malheur que nos conditions de vie réelles », résume Lyubomirsky. Ce résultat contredit considérablement les idées reçues. Gagner au loto ne rend-il pas heureux ? Une maladie grave ne nous plonge-t-elle pas dans le désespoir ? Si — mais les recherches prouvent qu'après un très court laps de temps, le niveau de bonheur est restauré à son état précédent, voire souvent en dessous suite à des événements positifs. L'être humain est esclave de ses habitudes, et à peine le partenaire idéal épousé, à peine les besoins matériels comblés, ceci devient la normalité. Et, en même temps, s'accroissent les exigences et l'envie envers ceux qui ont encore plus. Croire que notre malheur disparaîtra si nos conditions de vie changent semble donc être une erreur fondamentale, qui plus est très répandue. Pour être plus heureux, comme le souligne Lyubomirsky, nous devons mettre en pratique des sagesses anciennes qui semblent presque « kitsch » : moins ruminer, se montrer plus optimiste, soigner ses relations sociales, ne pas se comparer aux autres et s'occuper des autres. « La gratitude semble être la voie royale vers le bonheur », écrit la psychologue, qui recommande de la mettre en pratique : remerciez plus souvent, écrivez des lettres de remerciements aux personnes qui vous ont beaucoup donné. Vous remarquerez les effets stupéfiants de cette seule action.

LA GRATITUDE SEMBLE ÊTRE LA VOIE ROYALE VERS LE BONHEUR

S. LYUBOMIRSKY

Cette psychologue, orientée vers les sciences naturelles, s'est montrée très surprise par les effets indiscutables sur le niveau de bonheur des techniques de méditation sérieuses. Les résultats sont sans ambiguïté. Anton Bucher les résume ainsi : une augmentation régulière des effets physiologiques ayant des conséquences positives sur le stress :

- *Meilleur échange d'oxygène et métabolisme plus élevé,*
- *baisse du niveau de cortisol,*
- *baisse de la tension,*
- *baisse du niveau de cholestérol,*
- *plus d'ondes alpha et thêta, qui favorisent la détente,*
- *système immunitaire renforcé,*
- *modifications des neurotransmetteurs, avec augmentation des taux de dopamine et de sérotonine.*

Dans l'ensemble, le niveau de stress physique mesuré diminue nettement. Ces effets positifs sur le corps ont des répercussions bénéfiques sur la psyché, comme le savaient déjà les anciens

Grecs. Derrière le principe de la *kalokagathie* (l'idéal grec dans lequel se fondent le beau et le bien) se trouve donc ainsi le postulat que dans un corps sain se trouve un esprit sain.

Ces effets positifs se mesurent déjà au bout de huit semaines, quand la méditation quotidienne devient habituelle. Celle-ci a une influence positive sur les capacités physiques, psychiques et intellectuelles, améliore la faculté de concentration et diminue les ruminations. La méditation a « des effets positifs [...] sur des qualités en apparence inaltérables comme l'intelligence, la créativité et la flexibilité cognitive », écrit Sonja Lyubomirsky. Les cultures bouddhistes posent que l'esprit peut être assoupli par la méditation, comme le corps par le yoga. Les pensées perturbantes ne disparaissent pas, la souffrance ne disparaît pas, mais nous prenons plus de distance vis-à-vis d'elles, et nous ne sommes plus autant la proie des idées indésirables et des émotions désagréables. Tous ces effets contribuent à accroître le bien-être et le bonheur. Comme la pratique continue de la pleine conscience dirige notre attention vers le quotidien, les choses habituelles — dans un cadre professionnel comme dans un cadre privé — prennent une plus grande signification. L'esprit ne s'échappe pas sans cesse, et nous parvenons mieux à nous concentrer sur ce que nous faisons. Et nous le faisons probablement beaucoup mieux, et de façon plus fluide et satisfaisante. Une autre activité, elle aussi sans but, a des effets similaires et positifs, scientifiquement démontrables, sur le corps et esprit : la marche, en particulier dans la nature. La marche simple, et non une activité sportive comme la marche nordique ou l'alpinisme, qui comportent un aspect de performance. Dans son essai intitulé *Glücklich durch Gehen*, Alois Schöpf écrit : « La marche est de la méditation. En marchant, je change mon état d'être, je deviens quelqu'un d'autre. On ne marche pas pour atteindre un but concret, mais pour se transformer, et en tant qu'être transformé, vivre une autre vie : meilleure, plus saine, plus heureuse, plus belle. De quoi est fait ce meilleur, ce plus sain, ce plus heureux et ce plus beau, on l'apprend lors de la transformation elle-même, non avant. Ainsi, ce ne peut être le but en soi. » La marche, en particulier la randonnée en montagne, nous met en présence de la beauté inépuisable et du silence de la nature, et cette rencontre a un effet bénéfique. Les montagnes, les vallées et les mers font paraître de nombreux problèmes insignifiants. La charge pour le corps est peu intense et constitue, à côté de la natation et du vélo, la meilleure activité pour la santé. De la même manière que des alcools différents induisent des états d'ivresse variés, les différentes formes d'exercices physiques entraînent des états d'épuisement distincts. La marche mobilise tout le corps et induit une fatigue physique très agréable. Dans les Alpes s'applique la règle ancienne qui veut qu'au-dessus de mille mètres, les gens se tutoient quand ils se rencontrent. En haut, on est « ailleurs ».

La recherche scientifique sur le bonheur promeut aujourd'hui ce que les philosophes et les maîtres religieux ont affirmé de tout temps : une vie vertueuse articulée autour de la « sagesse et du savoir, du courage, de l'amour et de l'humanité, de la justice, de la modération, de la spiritualité et de la transcendance » favorise le bonheur, comme l'écrivent les psychologues Peterson et Seligman. Et ce qui l'entrave est, sans surprise, aussi vieux que le monde : la colère.

2

LES RAISONS DE LA COLÈRE

Clients, collègues et supérieurs, voisins dans les transports, piétons, conjoint, enfants, en fait, les gens en général, mais aussi la météo, les matchs de foot ou l'ordinateur : les motifs de s'énerver au quotidien sont légion. Et la colère accumulée doit s'évacuer. Pourtant, il se pourrait que cette croyance soit inexacte. La colère contamine tout, y compris autrui. Elle déforme nos perceptions, nous fait perdre le contact avec le monde et nous fait voir que ce que nous voulons. « La colère gaspille la connaissance, la patience la cultive », écrit Évagre le Pontique, l'un des Pères du désert, au IVe siècle.

LES MOTIFS EXTÉRIEURS D'ÉNERVEMENT NE SONT PAS PRÈS DE CESSER

Les motifs extérieurs d'énervement ne sont pas près de cesser. En général, la longue chaîne d'agacement commence dès le réveil : il n'y a plus de lait, votre enfant que vous devez conduire à la maternelle refuse de mettre son manteau, vous ratez le bus. Vous arrivez en retard, votre chef vous fait une réflexion, et sur l'écran de l'ordinateur s'affichent des messages d'erreur incompréhensibles. Le téléphone sonne, et votre client vous fait part de ses exigences auxquelles même un super-héros ne pourrait répondre. Le repas de midi n'a pas de goût, bien qu'il soit cher. Une fois rentré chez vous le soir, votre enfant est de nouveau dans sa phase « non », et le chien et le chat jouent à se pourchasser dans toute la maison. Un ami musicien sans trop de moyens vous demande si vous ne pouvez pas créer gratuitement la pochette de son nouveau CD. Et le carton d'invitation à son mariage. Vos parents vous appellent et se plaignent. Votre vie affective et sexuelle oscille entre passion, exigences, attentes et liberté, vous livrant à domicile son lot de colère et de blessures. Quoi que nous fassions, le perfectionniste en nous assène ses terribles jugements. Comment mettre un terme à cette colère incessante jour après jour ?

Grâce au bouddhisme, la psychologie a repensé de façon plus critique la colère et les émotions destructrices. Dans les cultures bouddhistes, les émotions négatives sont beaucoup plus contenues qu'en Occident. Avoir un accès de colère en public est considéré comme une faiblesse de caractère. Mais il ne s'agit absolument pas de faire face aux frustrations du quotidien avec un sourire béat. Cependant, culturellement, nos emportements en public, que ce soit au bureau, dans les transports ou au guichet de la poste, semblent avoir perdu tout sens de la mesure. Mais alors d'où provient cette rage ? Thich Nhat Hanh commence son livre sur la colère par une observation stupéfiante. Il affirme que nous puisons en premier lieu notre colère dans notre environnement :

La colère, la frustration et le désespoir sont en relation étroite avec l'organisme et les aliments consommés. C'est pourquoi nous devons élaborer une stratégie nutritive, une façon de consommer qui nous protège de ces émotions. L'alimentation est l'un des aspects de la civilisation. Le mode de production, le genre de nourriture que nous absorbons, et la façon dont nous les mangeons sont intimement liés à la civilisation parce que les choix que nous faisons peuvent favoriser la paix et soulager les souffrances. Notre alimentation peut jouer un rôle déterminant dans notre vie émotionnelle. Elle peut contenir de la colère.

Si effectivement tout est lié, alors l'élevage industriel, par exemple, a des conséquences négatives. Certes, nous nous efforçons de pratiquer l'abattage d'animaux dans les faubourgs des villes, dans des abattoirs sans fenêtre et avec isolation phonique — sinon, qui continuerait à manger cette viande ? —, mais cela ne signifie pas pour autant que cette forme d'abattage n'a aucune conséquence. Avec cette nourriture, nous ingérons aussi l'origine et les souffrances des animaux. Ou nous pouvons également décider de ne pas prendre en nous cette colère. Libre à chacun de s'engager sur cette voie très simple grâce à laquelle il est possible de supprimer de sa vie des éléments destructifs majeurs. Ce que nous mangeons détermine le processus d'échange le plus important entre la nature et nous ; nous transformons la nature en énergie vitale.

NOUS NE CESSONS DE FAIRE LE CONSTAT QUE LES GENS NE SUIVENT PAS LE SCÉNARIO QUE NOUS AVONS ÉCRIT POUR EUX

Nous sommes gagnés par la colère quand ne se concrétisent pas dans le monde les représentations et les attentes nées dans notre cerveau. Nous ne cessons de faire le constat que les gens ne suivent pas le scénario que nous avons écrit pour eux. Nous-mêmes ne nous comportons pas toujours comme nous le voulons. Nous sommes convaincus de savoir comment devrait se dérouler notre journée, mais la déception est non seulement au rendez-vous, mais également annoncée dès le départ. Nous savons que le monde se fiche de ce que nous pensons, mais pourtant, il nous est impossible de lâcher prise, et nous cédons à la colère. « Le colérique souffre profondément. Sa douleur est telle qu'elle le remplit d'amertume : il est toujours prêt à se plaindre et à rejeter la responsabilité de ses problèmes sur autrui. » Mais les autres en sont rarement la cause, même si notre esprit se plaît à croire le contraire. Le bouddha comparait la colère à un morceau de charbon incandescent que nous avons dans la main et essayons de lancer sur l'autre. Or, nous commençons par nous brûler les mains ! La souffrance, tout comme le bonheur, a un aspect social important : elle contamine l'autre. Il est donc de notre responsabilité de prendre en charge nos propres souffrances pour ne pas les propager autour de nous. Pour venir à bout de sa colère, il convient donc de prendre conscience des souffrances qui se cachent derrière. Si vous êtes furieux parce que votre train a du retard, la responsabilité n'en revient qu'en second lieu à la compagnie de chemins de fer — en outre, vous n'êtes pas tout seul à attendre le train sur ce quai, et pourtant les autres ne semblent pas aussi furieux que vous. Vous-même vivez parfois ce genre de situations sans ressentir autant de colère. Thich Nhat Hanh compare à un jardin la capacité à s'occuper de sa vie intérieure et à découvrir ce qui nous rend furieux. « Chacun d'entre nous possède un jardin intérieur et doit en prendre soin. Si vous l'avez laissé longtemps à l'abandon, vous devriez l'entretenir pour lui redonner sa beauté et son harmonie d'antan. Tout le monde l'appréciera, si vous l'entretenez bien. » Et pas seulement : moins de colère signifie plus de bonheur, qui constitue le terreau de la croissance personnelle et de la créativité.

3

PETITES HISTOIRES DE CRÉATION

Un créatif est un créateur, et ce n'est pas anodin. « La créativité ne se départ pas [...] de ses racines religieuses. On peut certes énoncer des conditions [...] — il subsiste finalement un saut non explicable, théologiquement parlant : un miracle », écrit le sociologue Ulrich Bröckling. En dépit des progrès des neurosciences et de la psychologie cognitive, aucun scientifique à ce jour n'a percé le secret du processus créatif. La créativité persiste à ne pas dévoiler son secret, qui renverrait à une réalité plus grande. L'ouverture à ce « quelque chose », similaire à ce qui peut être éprouvé dans des états de « flow », pose la question de ce « quoi » ou « qui » avec lequel nous faisons un. En général, nous n'y réfléchissons pas vraiment, car « faire un avec » constitue le fondement de tous les mysticismes religieux. Que nous soyons pleinement en harmonie avec le monde, Dieu, nous-mêmes ou notre activité, il s'agit simplement d'une question de dénomination. Nous voyons de façon claire et distincte ce qui peut en sortir et à quel point il est difficile d'être créatif. « Celui qui veut faire beaucoup de vent doit aussi de temps à autre apporter de l'air », écrit Ulrich Bröckling, et cet apport d'air est l'objet même de la spiritualité. Chez de nombreuses personnes, le terme « spiritualité » suscite des connotations négatives, en raison de mauvaises expériences avec la religion. Les critiques, fondées, faites aux églises chrétiennes concernent le plus souvent leur aspect dogmatique ou organisationnel. Cependant, la spiritualité relève de l'expérience que l'individu fait de la foi, vécue de plus en plus en dehors des institutions religieuses. Le plus souvent, les monastères et les ordres ont été fondés en réaction contre les églises officielles, en tant que lieux de pratique spirituelle et de travail créatif. « Au Moyen Âge, la quasi-totalité des créateurs ou des chercheurs de premier plan étaient des ecclésiastiques ou appartenaient à des ordres religieux », écrit le professeur de psychologie Harald Walach dans son ouvrage majeur consacré à la spiritualité. Dans *Mon autobiographie spirituelle*, le Dalaï-Lama écrit que l'être humain peut vivre sans religion, mais pas sans spiritualité : « Il est clair qu'en dépit de leurs différences doctrinales, les principales religions du monde aident les individus à se transformer en devenant meilleurs. Toutes les religions insistent sur l'amour, la compassion, la patience, la tolérance, le pardon, l'humilité ou la discipline personnelle. Il faut donc admettre le pluralisme dans le champ religieux. »

CELUI QUI VEUT FAIRE BEAUCOUP DE VENT DOIT AUSSI DE TEMPS À AUTRE APPORTER DE L'AIR

U. BRÖCKLING

Aujourd'hui, même si de plus en plus de gens ont du mal à se retrouver dans les églises instituées, leurs dogmes, leurs cérémonies et leurs rites, le besoin de spiritualité ne cesse d'augmenter. Le professeur Michael von Brück, théologien protestant, chercheur en religion, professeur de yoga et maître zen, définit la spiritualité comme « la fréquentation consciente de sa propre conscience, c'est-à-dire avant tout la formation de la perception et le développement de la pleine conscience dans tous les domaines de la vie. Avec le développement de la spiritualité se créent de nouvelles interprétations du monde, de la vie et du rôle de l'être humain ». La méditation constitue une pratique interconfessionnelle permettant de se découvrir soi-même, de penser autrement et de gagner en concentration dans son travail. En s'intéressant à sa propre perception du monde, les plaintes relatives au monde extérieur s'estompent. Quand la colère diminue, de nouvelles ressources énergétiques sont libérées et peuvent être mises en œuvre dans la vie et le travail. Cette expérience de liberté intérieure est l'objectif de la pratique spirituelle, « l'expérience que, dans un certain sens, nous sommes nous-mêmes les auteurs de notre monde intérieur et que nous avons donc la possibilité de le transformer. Une compréhension d'éléments importants de notre vie personnelle, des idées essentielles sur lesquelles nous travaillons depuis longtemps surgissent soudain. Nous les vivons comme des hasards heureux, des éclairs de génie, des moments créatifs ou simplement des instants de liberté créative », explique Harald Walach.

EN S'INTÉRESSANT À SA PROPRE PERCEPTION DU MONDE, LES PLAINTES RELATIVES AU MONDE EXTÉRIEUR S'ESTOMPENT

Pour s'engager sur cette voie, nul besoin de croire en quoi que ce soit. Stephen Batchelor a été longtemps moine, mais son long cheminement l'amène aujourd'hui à se considérer comme un « bouddhiste non croyant ». Il n'appréhende plus sa quête spirituelle dans un lien étroit aux traditions des communautés religieuses classiques. Dans les quatre nobles vérités énoncées par le bouddha, il ne voit aucun précepte, mais une incitation à l'action. Il les interprète comme une formule « valide pour toutes les situations de la vie » : 1. Étreindre, 2. Lâcher prise, 3. S'arrêter, 4. Agir ! Cette succession s'applique aussi à l'art de travailler : quand nous disons oui à une mission, nous devons vraiment l'accepter. Ensuite, il nous faut véritablement lâcher prise pour laisser mûrir les idées. Ce n'est qu'ainsi que nous aurons de bonnes intuitions. S'arrêter — ce qui englobe tous les moments de préparation, de concentration et de calme intérieur — évite les routines aveugles. Enfin, nous commençons à réaliser nos idées. Ces quatre étapes nous évitent de suivre nos premières impulsions irréfléchies et de travailler en pilote automatique.

4

L'ESTHÉTIQUE DU ZEN

Travailleur social, fondateur d'un mouvement de paix interconfessionnel et maître zen, Bernie Glassman a créé la Greyston Foundation intervenant, entre autres, auprès des sans-abri et en milieu pénitentiaire. Dans les soupes populaires qu'il a mises en œuvre, les repas sont disposés avec soin dans les assiettes, ce qui ne manque pas de déclencher des hochements de tête dubitatifs chez les travailleurs sociaux. Mais Glassman maintient que l'être humain n'a pas seulement besoin de pain pour vivre, mais qu'il existe aussi un besoin esthétique fondamental. « Un bel environnement nous inspire à vivre plus pleinement, à apprécier la valeur de notre monde et à nous apprécier les uns les autres. La beauté de l'art et de la nature nous rappelle à l'harmonie et à la splendeur intérieure, droits naturels de tout être humain », écrit-il dans son classique *Comment accommoder sa vie à la manière zen.* Le procédé est des plus efficaces ; ordre et beauté ont des effets psychologiques considérables. Tout le monde connaît la satisfaction éprouvée devant un bureau rangé ; l'ordre extérieur se reflète à l'intérieur de soi. La conscience formelle de Glassman s'inspire du bouddhisme zen et de ses conceptions de la créativité et de la création. Très tôt déjà, les artistes zen ont considéré ce que le spectateur a devant les yeux, et pas uniquement l'harmonie interne de la création. En outre, ce spectateur se voit attribuer un rôle considérable ; il ne doit donc pas être endormi. « L'unité du modèle était considérée comme nocive pour la fraîcheur de l'imagination », écrit Kakuzo Okakura dans *Le Livre du thé*, un ouvrage majeur sur l'esthétique japonaise. La symétrie est aussi délibérément évitée, car elle induit une idée de perfection et d'ordre qui ne se trouve pas dans le monde réel. Quand on pense à l'utilisation des formes symétriques dans les films de propagande de Leni Riefenstahl, on en mesure toute la violence latente. L'esthétique zen privilégie donc l'inachevé ou, pour le formuler de manière positive, l'ouvert. Sur un objet ou une chose que l'on regarde ou que l'on utilise, il reste toujours à faire lorsque l'on poursuit les lignes de création. « Seul celui qui, dans son esprit, achève l'inachevé pourra découvrir la véritable beauté », écrit Okakura.

Les designers en communication privilégient les surfaces larges et blanches pour créer une ambiance exigeante mais concrète. Les arts zen ont développé sur le sujet toute une théorie, dans laquelle l'essentiel ne concerne pas tant les objets montrés que la « composition entre les espaces ». L'esthétique japonaise a deux concepts propres, « Ma », d'une part, désignant ce qu'il y a entre, et « Mu », pour le vide. Dans le zen, la « beauté des choses se trouve dans leur imperfection et leur caractère inachevé, leur instabilité et leur simplicité, mais aussi dans leur spontanéité, leur absence de calcul et leur fraîcheur non conventionnelle », écrit l'historienne de l'art Claudia Delank. Beaucoup de tableaux sont presque blancs, et dans un coin seulement, on aperçoit un paysage, une montagne ou un arbre. Le regard du spectateur doit être dirigé vers ce vide central qui, dans le zen, constitue l'essence des choses et est considéré comme potentiel infini. Au centre de l'image, rien ne manque, il n'y a rien de non présenté, mais au contraire le vide incite le spectateur à devenir lui-même actif !

DANS LE ZEN, LA BEAUTÉ DES CHOSES SE TROUVE DANS LEUR IMPERFECTION ET LEUR CARACTÈRE INACHEVÉ
C. DELANK

Les préceptes zen de création sont décrits dans la philosophie du *wabi-sabi*. Cependant, ses représentations de la beauté sont bien plus qu'une esthétique : elles sont une forme d'art de vivre et de travailler. Harald Brinker en décrit les fondamentaux dans son livre sur la peinture zen : prédilection pour l'asymétrie, tableaux et objets d'une grande simplicité. Leur action se veut naturelle et évidente. Le silence, le calme intérieur et l'équilibre confèrent à l'expression de la simplicité une profondeur abyssale. Pour Leonard Koren, des principes moraux découlent aussi de ces fondamentaux, notamment se libérer du superflu et se concentrer sur ce qui est vrai et profond. Les objets *wabi-sabi* présentent souvent une irrégularité et sont d'aspect modeste ; ils ont la capacité de vieillir et d'embellir grâce à une patine. Ainsi, selon cette esthétique, un vieux crayon à papier est beaucoup plus précieux et plus beau que le stylo-plume le plus prestigieux. Dans notre culture se trouvent aussi de nombreux objets répondant à quelques-unes des règles esthétiques du *wabi-sabi* : vieux disques, de vieux sacs ou de vieilles chaussures en cuir, qui se patinent avec le temps et que le cordonnier peut réparer, des meubles en bois usés, des livres anciens avec une belle reliure, de belles boîtes d'allumettes, des bougies à la cire d'abeille… Ces objets véhiculent une notion de simplicité, ainsi qu'une prise de distance avec la consommation et les modes qui se succèdent. Pour percevoir ce caractère sur les choses du quotidien, un regard en pleine conscience est nécessaire. L'univers du zen n'est pas spectaculaire. Ces objets nous rappellent le caractère fugace des choses, ce qui nous amène à plus de tranquillité et de clarté d'esprit.

La pleine conscience s'entraîne grâce à la méditation. Et cette pratique développe deux aspects essentiels à la créativité : la sensibilité esthétique et la capacité de concentration.

5

ZEN ET CRÉATIVITÉ

John Daido Loori, photographe, auteur et maître zen écrit : « L'aspect le plus intéressant des arts zen [...] est qu'ils ne cherchent pas uniquement à être des œuvres d'art, mais une méthode visant à stimuler le processus créatif. Ils mettent à disposition des moyens pour former l'esprit et vivre notre vie. » Comme souvent avec le zen, les frontières d'une vie scindée en catégories nettes s'estompent avec cette méthode de création. La culture n'est pas séparée de la nature, la vie professionnelle de la vie personnelle, l'art de la création, et celle-ci de l'artisanat, et nous-mêmes ne sommes pas des individus séparés les uns des autres. Même Albert Einstein pensait que la séparation des individus n'était qu'une illusion d'optique. Dans une telle perspective, nombre des questions qui nous tourmentent perdent de leur sens. « Peu importe de savoir d'où vient la créativité. Ce qui compte, c'est qu'elle soit disponible en chacun de nous et qu'elle attende seulement d'être exprimée », poursuit Loori. Plutôt que s'adonner à cette quête incessante du pourquoi, le zen privilégie l'action concrète. Il en va de même avec la créativité. Pour réaliser notre potentiel, nous devons apprendre à apprécier avant tout notre expérience et notre vie. Les créateurs s'expriment ; toutes nos actions sont des expressions de notre parcours personnel. Et chacune de nos productions exprime « l'expérience unique de la vie. C'est en cela que consiste la nature de chaque production créative. Notre art produit quelque chose qui n'existait pas auparavant. Nous étendons l'univers », conclut Loori. Ainsi, la créativité a pour effet de porter quelque chose d'intérieur vers l'extérieur, dans le monde. Nous façonnons notre environnement. Notre capacité au calme ouvre l'oreille intérieure, et grâce à cette absence de distraction, nous prenons conscience de ce que nous voulons faire et comment. Mais ce calme n'est pas donné automatiquement. Si nous ne nous y exerçons pas, nous sommes la proie de nos pensées et le jouet d'influences extérieures. La méditation assise est la voie centrale menant au calme et à la clarté. Il s'agit d'une pratique exigeante, qui « raccourcit le chemin vers l'action », comme l'exprime l'illustrateur et musicien Cornelius Vogel. En étant en capacité de se taire, un individu s'exprime de façon plus consciente ; s'il peut lâcher prise et ne rien faire, il est en fait en capacité d'agir beaucoup plus consciemment. Pour être créatif dans son travail, le plus souvent, il ne s'agit pas de modifier quoi que ce soit à nos conditions de vie, mais seulement d'accroître la conscience des perceptions auxquelles nous sommes soumis tous les jours. « Nous mangeons, mais nous ne goûtons rien, nous entendons, mais nous n'écoutons rien. Nous passons notre vie à nous perdre dans nos pensées », écrit Loori. Il en va de même pour notre quotidien de créatif. Souvent, nous arrivons au bureau et suivons des habitudes qui sont devenues des automatismes. Mais ces habitudes engourdissent nos sens, nous perdons le contact avec la réalité, car nous croyons la connaître. Pourtant, en y regardant de plus près, ce même chemin jusqu'au bureau, ces

EN ÉTANT EN CAPACITÉ DE SE TAIRE, UN INDIVIDU S'EXPRIME DE FAÇON PLUS CONSCIENTE mêmes collègues et ces mêmes clients sont toujours autres. Nous-mêmes, nous ne sommes pas le ou la même. Ceux qui tiennent un journal intime ont déjà fait l'expérience de relire ce qu'ils ont écrit : j'ai vraiment pensé cela ? Ou alors : cette situation me mettait déjà en colère ? Les individus peuvent tellement changer qu'il pourrait sembler justifié de leur donner de nouveaux noms. En entrant dans un monastère ou dans l'ordre de l'art, les personnes généralement changent de nom ou en ajoutent un au leur.

Nous pouvons développer la capacité d'aller à la rencontre de toute chose comme si nous la voyions pour la première fois. Et déjà, cette chose se transforme et est différente. Elle l'est véritablement. Car tout change, et n'est jamais le même d'un jour sur l'autre. Parfois, telle ou telle chose nous paraît la même. Lorsque nous avons de trop grandes attentes ou que nous croyons savoir ce qui va arriver, nous nous coupons des événements réels. Nous sommes dépendants de formes figées que notre pensée plaque sur un monde en constante transformation. Pour devenir créatifs dans ce monde, il ne faut pas nous prendre autant au sérieux, mais simplement nous mettre en retrait derrière nos réalisations. Ainsi seulement pourrons-nous laisser la place à la créativité. Pour y parvenir, nous devons travailler sur nous et renforcer l'estime que nous avons de nous-mêmes. « Quand nous apprenons à nous faire confiance, nous n'avons plus rien à prouver par notre art. Nous lui permettons alors simplement d'apparaître et d'être ce qu'il est. C'est ainsi que l'art peut advenir », écrit Loori. Les créateurs peu sûrs d'eux-mêmes qui doivent sans cesse placer leur ego surdimensionné au premier plan et se mettre en permanence en scène n'apportent souvent qu'une piètre contribution à la création. Ils ne nous montrent que leur « personnalité

QUAND NOUS APPRENONS À NOUS FAIRE CONFIANCE, NOUS N'AVONS PLUS RIEN À PROUVER PAR NOTRE ART

J.D. LOORI

marketing », comme la dénommait Erich Fromm. Pour se consacrer à notre travail et nous oublier nous-mêmes, nous devons pouvoir oublier les règles. Pour ce faire, la capacité à la spontanéité est essentielle, qui n'a rien à voir avec un « faire » aveugle ou inconsidéré. La forme et le métier jouent un rôle décisif dans les voies zen de la création. « Le pur esprit de la simplicité, lorsqu'il s'exprime pleinement, est la liberté dans l'action. Ce n'est qu'à l'intérieur d'une forme déterminée que nous nous affranchissons de cette forme », écrit Loori. La rigueur formelle, telle qu'elle existe dans un dojo zen, dans laquelle la moindre révérence et la moindre action s'inscrivent dans un cadre déterminé, devient vite une habitude. Le cadre externe a alors un effet stabilisateur sur l'élément intuitif interne que l'on trouve dans la méditation. Il en va de même pour les niveaux artisanaux de la création. Dès que vous maîtrisez le métier, l'espace s'ouvre sur une création susceptible de dépasser les frontières établies.

DÈS QUE VOUS MAÎTRISEZ LE MÉTIER, L'ESPACE S'OUVRE SUR UNE CRÉATION SUSCEPTIBLE DE DÉPASSER LES FRONTIÈRES ÉTABLIES

6

LE MÉTIER DE LA CRÉATIVITÉ

Pour une part, la créativité dépend d'une « étincelle divine », l'émergence des idées nouvelles — en d'autres termes, de l'inspiration. La faculté de concentration et le calme intérieur sont des prérequis à l'apparition de ce secret. Par ailleurs, la mise en œuvre et la réalisation des idées nécessitent un savoir-faire. Et il n'y a qu'une seule façon de l'acquérir : la pratique, permanente et méthodique, sur des années, guidée au départ par un professeur. Aujourd'hui, on fait grand cas dans l'éducation de la liberté nécessaire à l'émergence de nouvelles idées. Pourtant, au XXe siècle, l'aspect artisanal de la créativité semble être devenu impopulaire, sauf en ce qui concerne la musique classique et une partie du jazz, car sans pratique quotidienne, le niveau, quel qu'il soit, ne peut être maintenu. Aujourd'hui, l'idée prévaut chez certains créateurs qu'il est possible de s'en passer, tout du moins pendant un certain temps. Mais un cours de calligraphie suffit à prouver à chaque concepteur graphique à quel point cette idée n'est qu'une vue de l'esprit. Sur la créativité, une idée fausse est très répandue, à savoir que l'inspiration serait indépendante de l'expertise. Ainsi, une idée qui ne pourrait être mise en œuvre par manque de capacités serait sans valeur. Or, ce sont bien les capacités qui décident de ce qui est véritablement créé et de ce qui reste une illusion. D'elles émerge l'art.

Sur le plan intellectuel aussi, il existe des inconvénients au fait que l'expertise ne préside plus à l'émergence des idées. La rupture entre la main et la tête nuit, en définitive, aussi à la tête, comme le souligne le sociologue Richard Sennett. Comme l'écrit Tanizaki Junichiro, l'esprit est essentiel, mais le savoir-faire et l'expertise priment. Quiconque dispose de ce savoir-faire éprouve une grande joie dans l'exercice de son métier, qui n'est plus un simple travail, mais un mode d'existence. La créativité surgit parfois de façon soudaine pour s'épuiser très vite, comme le montrent de nombreux exemples. Mais l'expertise s'accroît avec la pratique et a besoin de temps. Junichiro compare la voie vers la maîtrise au polissage des vieux objets, que la patine du temps rend plus beaux. Il convient d'exercer ses capacités avec assiduité et dévouement, en se fixant un but accessible. Cette maîtrise n'est jamais atteinte ou complète, et un maître se conçoit toujours comme un débutant qui soigne les traditions de son métier. De cette maîtrise résulte aussi le contexte propice à la créativité : la pratique et sa régularité produisent un certain rythme, un calme intérieur favorable à l'inspiration.

LA RUPTURE ENTRE LA MAIN ET LA TÊTE NUIT, EN DÉFINITIVE, AUSSI À LA TÊTE

R. SENNETT

Cependant, on réfléchit peu à la façon dont cette conduite s'effectue. Personne ne souhaite revenir aux pratiques anciennes, où il s'agissait d'apprendre par cœur et de simplement reproduire. L'élément décisif, selon le sociologue et violoncelliste Richard

Sennett, est la durée des phases de pratique : « La personne ne doit répéter le morceau qu'à hauteur de ce que lui permet sa capacité d'attention pendant cette phase de travail. Avec l'usage, la capacité à supporter les répétitions augmente aussi. » La règle d'Isaac Stern montre que plus la technique s'améliore, plus il est possible de répéter longtemps sans s'ennuyer. La croyance selon laquelle une pratique régulière limite la liberté relève de l'idéologie capitaliste : « En réalité, bien entendu, la véritable créativité est le sous-produit d'un type de maîtrise qui ne s'obtient qu'au terme de longues années de pratique. C'est à travers la soumission aux exigences du métier qu'elle est atteinte (qu'on songe à un musicien pratiquant ses gammes ou à Einstein apprenant l'algèbre tensorielle). L'identification entre créativité et liberté est typique du nouveau capitalisme ; dans cette culture, l'impératif de flexibilité exclut que l'on s'attarde sur une tâche spécifique suffisamment longtemps pour y acquérir une réelle compétence. Or, ce type de compétence est la condition non seulement de la créativité authentique, mais de l'indépendance dont jouit l'homme de métier », écrit le mécanicien de motos et philosophe Matthew Crawford.

Ce n'est pas un hasard si les créations majeures de la Renaissance, qui ont donné naissance à notre époque moderne, sont l'œuvre d'artistes qui se concevaient avant tout comme des artisans travaillant et vivant dans leurs ateliers. Leur savoir-faire, et nullement leur subjectivité d'artiste, se trouvait au premier plan. Dans ces ateliers, les artistes acceptaient cette imbrication étroite, issue des savoir-faire artisanaux et de la religion. Au XIXe siècle, le mouvement Arts & Crafts cherche à supprimer la séparation de plus en plus marquée entre création, art et savoir-faire. À Oxford se fondent des communautés semi-conventuelles, qui vivent et travaillent ensemble dans des ateliers et partagent une certaine compréhension de l'art. William Morris, l'une des figures de proue de ce mouvement, donnait d'ailleurs des indications prag-

POUR CRÉER DE BELLES CHOSES, IL FAUT VIVRE DANS DE BEAUX ENDROITS. [...] N'AIE RIEN CHEZ TOI QUE TU NE SACHES UTILE OU QUE TU NE TROUVES BEAU

W. MORRIS

matiques qui, aujourd'hui encore, méritent réflexion : « Pour créer de belles choses, il faut vivre dans de beaux endroits. [...] N'aie rien chez toi que tu ne saches utile ou que tu ne trouves beau. » Pour Morris, deux vertus priment et gouvernent la création : simplicité et honnêteté.

7

LA CRÉATIVITÉ COMME ORDRE DU MONDE

Les bibliothèques des monastères, les ateliers des maîtres de la Renaissance jusqu'à ceux du mouvement Arts & Crafts, les communautés d'artistes du XXe siècle, le Bauhaus ou encore l'école de design d'Ulm offrent plus que des hiérarchies plates – la culture du management de processus et de projets, ou celle de l'équipe et du réseau. Quiconque décide de mettre la créativité au centre de sa vie rejoint un ordre dont il ignorait l'existence. Un ordre qui n'est pas régi par une direction autoritaire, mais adapté aux exigences des créateurs dans leur singularité. Mais un ordre répondant à un dogme dans lequel la capacité de concentration, le calme intérieur, les espaces de décision, et une « pièce bien à soi » constituent encore les conditions à la mise en œuvre de la créativité.

Pour le chercheur en religion hispano-indien Raimon Panikkar, le mode de vie des moines n'est plus seulement l'apanage des monastères et des religions. Le monachisme existe depuis des milliers d'années, et pour ce chercheur, il s'agit d'un archétype de l'humanité : « Tout le monde ne peut ni ne doit entrer au monastère, mais chacun porte en lui l'archétype du moine, dont il doit prendre soin. Le monachisme constitue une base, un élément, une dimension de l'être humain. » Quand la créativité devient un mode de vie, elle quitte le cadre du travail et n'est pas limitée par les *desiderata* des clients. Elle vit de dévouement. Et le moteur n'est pas le résultat, mais l'activité créatrice elle-même. Il s'agit moins d'un problème que, peut-être, d'un secret : qui sait pourquoi il choisit tel ou tel métier ? Quoi qu'il en soit et quelles que soient les époques, des groupes de personnes se sont entièrement consacrés à la créativité, toutes disciplines confondues. Panikkar voit deux vertus cardinales au monachisme intérieur : une croyance heureuse dans laquelle la simplicité des choses est reconnue, et la diversité réconciliante comme « convergence de tous les éléments, une harmonie dans un tout ». En travaillant et en vivant de façon créative, il est possible de créer bien plus qu'en innovant dans des domaines distincts, qui renvoient à des modes d'existence fermés. Et en dépit des différences entre les projets, quelque chose les relie.

LE MOTEUR N'EST PAS LE RÉSULTAT, MAIS L'ACTIVITÉ CRÉATRICE ELLE-MÊME

Le philosophe français Roland Barthes a écrit sur de nombreux sujets, parmi lesquels la langue de l'amour, la mort de sa mère, la photographie, la mode, le Japon, et quantité de thèmes littéraires. Il ne peut être classé dans aucune catégorie. Bien qu'il ait gardé ses distances avec l'Église et la foi, il s'est intéressé au monachisme, et plus particulièrement à celui de l'époque où il restait encore des moines, mais plus de monastères ni d'Église institutionnalisée dogmatique. Barthes est fasciné par le mode d'existence des ermites. Dans une conférence, il décrit un mode d'existence, l'idiorrythmie, constituant aujourd'hui pour les créatifs une utopie positive. Dans les modalités adoptées par les êtres humains pour travailler et vivre ensemble, il distingue deux formes, avant tout deux formes extrêmes entravant la créativité, à commencer par l'isolement de l'ermite. Cet isolement radical est à éviter, car les créatifs ont besoin de retours et de stimulations. De nouvelles créations veulent naître, et les mettre au monde nécessite aujourd'hui énormément de communication et un réseau étoffé. La seconde modalité est celle des formes collectives, constituées par les communautés monacales. Les agences postmodernes avec leurs contraintes sociales et le diktat du travail en équipe laissent peu d'espace à l'individu et à sa singularité. Un entre-deux est-il possible ? Oui, pour Roland Barthes : « Ni à deux ni à plusieurs. Quelque chose comme une solitude, interrompue de façon réglée. » L'adepte de l'idiorrythmie choisit sa solitude, qui lui permet de travailler en étant concentré, et il apprend de ceux qui ont adopté un mode de vie similaire. Les Pères du désert chrétiens, qui se retiraient pour vivre dans la solitude, communiquaient avec de nombreux autres ermites sans abandonner leur mode de vie solitaire. Ils échappaient ainsi à la répression du collectif, sans pour autant mourir dans une solitude absolue. Pour Roland Barthes, il s'agissait d'une forme permettant « à chacun de suivre son rythme », sans perdre le sens de la mesure. Il a la nostalgie de cette « forme moyenne, utopique, paradisiaque, idyllique ». Aujourd'hui, cela vaudrait la peine de tenter de nouveau de la réaliser.

8

QUE CRÉENT LES CRÉATEURS ?

La vie et le travail ne sont nullement une promenade de santé. Les deux, comme l'a décrit le philosophe Karl Jaspers, constituent des situations limite. Nos œuvres sont transitoires ; nous ne pouvons supprimer la maladie, l'angoisse et la mort ; cependant, la naissance et la création font aussi partie de la vie. Lorsqu'un individu prend la liberté de comprendre la créativité comme mode d'existence, il s'efforce toujours à un moment donné de se créer un cadre de vie propice. Néanmoins, cette recherche est éprouvante. Jaspers considérait également que la vie était déterminée par un combat amoureux. Vivre constitue un immense défi, comme le constatait ce philosophe. Et Erich Kästner de remarquer pertinemment : « La vie est toujours dangereuse à vivre ! » Et lorsque l'on lutte sans y être forcé, il convient de se demander pourquoi on le fait. La réponse ne peut se limiter au fait que l'argent coule et que les clients s'enrichissent. Malheureusement, nombreux sont ceux qui affirment encore que le monde est matérialiste *per se*, et que la réussite se mesure à l'argent. Mais ce type d'affirmation parle surtout de ceux qui la formulent. Certes, l'argent et la possession sont très souvent au cœur des choses, mais ils ne déterminent jamais l'action créatrice. Le matérialiste a des œillères et ne voit qu'une petite portion du monde dans lequel il est prisonnier. Les créatifs, quant à eux, ont une perspective bien plus large. Ce sont des philosophes de la liberté, pour reprendre les propos de Joseph Beuys qualifiant l'activité créatrice de « science de la liberté ». Mais la liberté entraîne des responsabilités. « L'affranchissement du désir égocentrique ouvre un espace de liberté pour réaliser de façon créative les possibilités offertes par le monde pour d'autres », écrit Stephen Batchelor.

Pour Joseph Beuys, s'appliquer à tous les domaines de la vie et du travail était la tâche dévolue à une intelligence de l'art élargie. Dans ses interviews, ses conférences et ses expositions, il traitait toujours des questions concrètes liées à la conduite et la réalisation de la vie. Il s'ingéniait à faire table rase des frontières entre art, design et expertise ; l'essentiel pour lui résidait dans l'activité libre et créative, présente dans tous les champs, et qui devient de l'art. Chacun de nous disposant d'un potentiel créatif, il considérait chaque individu comme un artiste. Son orientation vers les concepts chrétiens alimentait son intérêt pour la transition entre mort et résurrection, prototype du processus vécu au quotidien par les créatifs. Toute action créative contribue à former le monde dans lequel nous vivons. Beuys appréhendait la société comme une sculpture sociale que nous modelons en permanence. L'être humain ne peut faire autrement ; il peut être comparé à un sculpteur qui jamais ne s'arrête. Cela commence par la parole : le larynx « sculpte » le flux d'air, et ainsi se forment les mots qui sortent de notre bouche. « Si tu épluches une pomme de terre, tu es déjà fondamentalement un sculpteur », disait Beuys. Il s'intéressait à la plasticité du monde, et plus particulièrement à la liberté, qui, conjointement à la créativité, constitue le principal capital de notre société. La formule qu'il a élaborée résume bien toute sa théorie : art = individu = créativité = liberté.

Ces quatre composantes de l'équation méritent que l'on se batte pour elles, et ce combat nécessite de l'énergie. Il exige également de la planification, de l'organisation et de la pratique (artisanale). On se méprend sur les concepts de Beuys en pensant y lire que chaque action a une valeur créative. Bien au contraire : il considérait le « faire simple » et les procédés ludico-intuitifs comme une pure idéologie n'aboutissant qu'à l'émergence du pulsionnel. Il exigeait de ses étudiants des capacités scientifiques et artisanales, des connaissances philosophiques et religieuses, ainsi qu'une réflexion personnelle. Sans un travail constant, nous sommes livrés aux « constellations de forces brutes au cœur du potentiel créatif », d'où il ne ressort qu'un mauvais usage des idées. Beuys libère la représentation de « planification » du corset étriqué du management de processus, qui ne s'intéresse qu'à une conclusion efficace. Dans une interview, Beuys déclare ainsi :

Si cela ne parcourt pas l'ensemble de ma vie, si ce n'est que ponctuel [...], cela ne peut réussir. [...] En d'autres termes, je dois sans cesse me préparer [...] et mener ma vie de sorte qu'aucun instant ne soit pas de la préparation. Que je jardine, parle avec d'autres, que je conduise ma voiture, que je lise un livre, que je donne des cours, ou quel que soit le domaine [...], que je sois chez moi, je dois toujours avoir cette présence d'esprit, c'est-à-dire une vision d'ensemble de toute la constellation des forces [...]. Alors ces forces sont présentes. Ces principes sont présents. [...] La pratique, ce n'est rien d'autre que ça.

Il s'agit d'une exigence forte, d'un mode de vie nécessitant un cheminement permanent, de même que la pratique d'un niveau plus élevé de conscience. « La créativité est une forme d'existence. Les personnes créatives pensent constamment au domaine sur lequel elles travaillent », écrit Daniel Goleman. Nous avons la liberté de le faire, et pour Beuys, la liberté nous oblige à développer notre créativité et à la mettre en œuvre de façon constructive, dans tous les domaines du travail et de la vie. De l'énergie peut naître quelque chose : « De cette énergie quelque chose doit se mettre en mouvement et prendre une forme, et plus exactement plusieurs formes, des formes spéciales. C'est cela, la créativité », disait Beuys. Celle-ci ne doit pas se séparer de la démocratie et de la responsabilité écologique, si elle veut être plus qu'un outil d'exécution de commandes. La durabilité constitue donc l'idéal auquel est contrainte la créativité comme mode d'existence. Le philosophe Wilhelm Schmid formule en outre deux impératifs, valides pour toutes les formes créatives.

Agis de sorte à…

- *ne pas ruiner les fondements de ton existence,*
- *prendre en considération les conséquences de tes actes pour autrui comme tu aimerais que celles des autres le soient pour toi.*

Ce concept de durabilité concerne les aspects économiques, écologiques et sociaux de la vie. Le designer Uwe Boden ajoute à ces trois piliers un quatrième : l'esthétique. Il s'interroge sur la façon de communiquer ce concept de durabilité — et considère les concepteurs en communication comme des experts capables de transmettre des faits complexes. « La tâche consiste à représenter de façon simplifiée mais sans le dénaturer l'idéal de la durabilité », écrit Boden. Ainsi seulement peut advenir ce que le psychologue Daniel Goleman définit comme la créativité : laisser les choses dans un état meilleur que celui dans lequel on les a trouvées. Malheureusement, le monde est aussi rempli d'individus, qui, parfois sans le remarquer, laissent les choses dans un état pire. Cela se produit quand l'intelligence et la créativité ne servent qu'à la poursuite de buts égoïstes, et cela n'est peut-être que justice pour des employeurs qui peinent à comprendre qu'une bonne économie signifie plus que la maximisation des profits. La créativité concerne non seulement le travail, mais toute la vie, ce qui pose des questions fondamentales, que Jack Kornfield résume ainsi : « Où investir son temps, ses forces, sa créativité, son amour ? Il nous faut regarder notre vie sans sentimentalité, exagération ni idéalisme. La direction que nous avons empruntée reflète-t-elle vraiment ce à quoi nous attachons profondément du prix ? »

NOUS AVONS LA POSSIBILITÉ, À TOUT MOMENT, DE CHANGER DE DIRECTION ET DE COMMENCER À VIVRE ET À TRAVAILLER AUTREMENT

La créativité devient un mode de vie lorsque nous nous engageons dans une réflexion constante sur le sens de notre travail, sur la direction à lui insuffler, et sur cet état meilleur dans lequel nous allons laisser le monde après nous. Le message réjouissant apporté par ces questions essentielles est que nous avons la possibilité à tout moment de changer de direction et de commencer à vivre et à travailler autrement. La créativité a la force de changer quantité de choses. « Nos réalisations mettent en lien art et survie, art et guérison, art et changement social. Il existe un lien entre l'élan vers la beauté, l'élan vers la santé et l'élan vers la liberté politique. [...]Culture et art constituent des ressources vitales pour la survie. La création est dans l'art autant que dans les sciences, la technologie et le quotidien une source originelle de réalisation pour l'être humain. La créativité peut remplacer la conformité comme mode premier d'existence sociale », affirme le musicien et auteur Stephen Nachmanovitch.

9

RAISON ET SENTIMENT

Nous avons besoin de notre tête pour identifier les problèmes et les résoudre. Quiconque refuse de réfléchir sérieusement opte pour le confort, et il lui manque le courage de se servir de sa capacité de réflexion. Les personnes stupides ne manquent pas seulement de créativité tout en étant ennuyeuses, elles sont aussi un peu manipulables et potentiellement sources de problèmes. La bêtise est soit commandée de l'extérieur et, dans ce cas, obéit à des ordres, soit elle est égoïste et se donne le refus comme principe. Mais un Q.I. élevé n'est pas suffisant pour appréhender complètement la complexité du monde. Nous ne sommes pas des dieux. La pensée rationnelle est ainsi constituée qu'elle simplifie pour résoudre les problèmes. Mais ce que nous désignons sous le terme d'intelligence ne suffit pas à déterminer le talent des individus — elle n'englobe pas la force créatrice.

La créativité exige bien davantage que des actes intelligents, sinon, nous ne ferions que ce que nous devons et plus ce que nous voulons. Car le travail créatif est justement déterminé par un dévouement passionné à une activité, et souvent, nous ne remarquons qu'*a posteriori* tout ce que nous avons réalisé. Il n'y a pas que la raison. Seule une part infime de la vie et du travail créatifs est planifiée de façon consciente. « Une certaine forme de pensée stérile est aussi possible sans sentiments. Car la pensée créative dépend pour une part considérable des sentiments », écrit le journaliste scientifique Bas Kast dans son livre *Wie der Bauch dem Kopf beim Denken hilft*. Nous réussissons quantité de choses parce que nous avons appris à faire confiance à notre intuition et à suivre nos impulsions inconscientes. Même les sentiments irrationnels et indésirables peuvent constituer un moteur pour la créativité. Borwin Bandelow, un des chercheurs actuels de premier plan s'intéressant à l'angoisse, pense qu'il existe un lien entre créativité et angoisse. « L'angoisse nous fournit l'énergie inépuisable indispensable aux réalisations majeures », écrit-il dans son livre intitulé *Angstbuch*. En outre, les personnes créatives se montrent souvent plus « sensibles, émotionnelles et passionnées que les autres ». Lorsqu'elle ne paralyse pas, l'angoisse rend plus sensible, et cette sensibilité alimente en profondeur les réalisations créatives. Seules les personnes stupides n'éprouvent jamais d'angoisse, et il existe également un lien entre intelligence et créativité. Rien ne motive plus que de surmonter un accès d'angoisse, motivation qui pousse d'ailleurs de nombreux phobiques sociaux à monter sur les planches, pour goûter ce sentiment de victoire sur leur phobie maîtrisée. Malheureusement, il existe également un lien très fort entre angoisse et alcoolisme : le surmoi est soluble dans l'alcool, comme le soulignent les psychologues. L'alcool inhibe les angoisses, et des risques de dépendance existent. Un fond d'angoisse peut — non, doit ! — être une source de créativité.

RIEN NE MOTIVE PLUS QUE DE SURMONTER UN ACCÈS D'ANGOISSE

Très souvent, nous formulons des jugements et prenons des décisions sans trop savoir comment. Sans évaluation raisonnée, nous trouvons telle ou telle personne sympathique, mettons de la musique ou choisissons une police spécifique pour une mise en page — pour découvrir qu'il s'agissait de la bonne décision. La bonne, justement parce que nous n'y avons pas réfléchi. Une analyse méticuleuse n'est donc pas toujours d'une grande aide, en raison des limites de notre raison. Dans les jugements intuitifs, l'inconscient joue un rôle considérable. Comme il se fonde sur l'expérience et absorbe les événements de notre vie, il saisit bien plus de choses que notre personnalité consciente. Les questions qui nous traversent « travaillent » en permanence en nous, même sans que nous en ayons conscience. Les rêves ou les pensées qui surgissent pendant la méditation nous donnent parfois quelques indices sur ce qui se passe dans les profondeurs de notre esprit. L'intuition est inexacte et puise ses racines dans une source psychique qui nous est inconnue, mais elle est beaucoup plus globale que la pensée rationnelle et consciente. L'inconscient saisit dans leur globalité des problèmes complexes « et comprime ces informations en intuition », comme le résume Kast. De temps en temps, la raison a tendance à réduire trop fortement la complexité des choses et en tirer des conclusions en apparence logiques mais parfois extrêmement stupides, comme nous nous en rendons compte parfois *a posteriori*. Des arguments concluants laissaient à penser que jamais la voiture ne se serait imposée : elle est plus laide, plus bruyante et plus onéreuse que le cheval ; elle pollue l'environnement et, quand elle ne fonctionne plus, laisse un tas de ferraille. Pourtant, l'histoire en a voulu autrement – sauf dans le centre touristique de Vienne, où l'on croise encore quelques calèches.

Pour Bas Kast, le moi présente une double nature. Le moi langagier est le domaine du raisonnement et de la raison. Il agit de façon rationnelle et logique, pèse le pour et le contre et catégorise le monde au moyen de concepts. Le moi expérientiel, quant à lui, « s'exprime [...] dans la langue des émotions, par le biais de notre corps et de nos comportements ». Bien que les sentiments soient plus impulsifs et procèdent à des jugements bien plus vite que la raison, tous les processus inconscients nécessitent plus de temps. Pour prendre des décisions en fonction de ses sentiments, il est essentiel d'écouter sa petite voix intérieure. L'urgence, le bruit, le stress, l'estomac trop plein, la fatigue ou l'alcool nous amènent bien à penser certaines choses, mais ces facteurs déforment les sentiments réels qui nous permettent de procéder intuitivement à des évaluations correctes. Mais écouter ses sentiments ou ses émotions ne signifie pas prendre des décisions erronées ou irrationnelles et tenter de se persuader d'être dans le vrai. « Il arrive aussi parfois que nous prenions au quotidien avec le moi langagier des décisions qui concernent notre moi expérientiel inconscient », écrit Kast. Les écueils sont de deux sortes : d'une part, devenir l'esclave de ses impulsions émotionnelles, par exemple de la rage soudaine, et agir de façon totalement inconsidérée ; d'autre part, ignorer nos sentiments sur la base d'arguments rationnels, ce qui peut conduire à de nombreuses décisions erronées, notamment dans le domaine personnel. L'articulation entre moi langagier et moi expérientiel se révèle donc décisif pour la motivation : plus l'articulation entre raison et sentiments est possible, plus nous disposons d'énergie et plus la probabilité est élevée pour que nous n'ayons pas à déplorer nos décisions.

PLUS L'ARTICULATION ENTRE RAISON ET SENTIMENTS EST POSSIBLE, PLUS NOUS DISPOSONS D'ÉNERGIE

10

LE LIBRE JEU

Stephen Nachmanovitch, musicien, artiste et auteur, ne dit pas autre chose : « On peut imaginer qu'un créatif incarne ou représente deux figures intérieures, celle de la muse et celle du rédacteur. La muse propose, le rédacteur décide. » Les idées puisent leurs racines dans les couches profondes de notre conscience, et il est bienvenu de soigner le contact avec ses propres « états d'âme » pour favoriser ce processus créatif. Seules la bienveillance envers soi-même et la capacité à être ami avec soi-même déverrouillent l'esprit afin de laisser émerger les idées. Les muses sont timides, elles veulent être choyées, adulées et trouver un moyen de se réaliser. Mais sans un rédacteur, qui doit avant tout maîtriser son métier, rien ne peut s'exprimer. C'est lui qui réalise les beaux projets. Les deux sont liés, car sans savoir-faire, l'inspiration ne trouve pas d'expression. Pratique et savoir-faire ne sont pas actuellement très en vogue, car l'importance accordée à la technique peut entraver le libre jeu du hasard, dont l'inspiration a besoin. En outre, les amoureux de la technique sont très nombreux, des personnes qui ne créent plus rien de productif ni même de beau avec leurs jouets dernier cri. Celles-ci se contentent de ce que leur nouvel appareil photo ou leur nouvel iPad peut théoriquement faire, pour, en définitive, se borner à prendre une quantité astronomique de photos sans intérêt ou à télécharger des applications stupides. L'accès illimité à la musique en streaming n'améliore pas les goûts des auditeurs, mais conduit à une consommation superficielle et aléatoire. Nachmanovitch, là encore, résume bien les choses : « Pour être créatifs, nous avons besoin de technique, mais aussi de nous affranchir de cette dernière. Pour y parvenir, il nous faut pratiquer, jusqu'à ce que ces techniques deviennent inconscientes. Quand on fait du vélo, s'il nous fallait réfléchir à chacune des actions à accomplir, nous tomberions immédiatement. Pour part, l'alchimie donnant naissance à cette pratique est une forme de troc entre le conscient et l'inconscient. [...] La pratique n'est pas seulement nécessaire à l'art ; elle est l'art. »

LA CRÉATIVITÉ SE NOURRIT DE LA CAPACITÉ À IMPROVISER

Nachmanovitch s'intéresse à une particularité des organismes des êtres évolués : le galop. Il s'agit de l'énergie, en apparence inépuisable, qu'ont les enfants ou les jeunes animaux lorsqu'ils jouent, sans réfléchir, sans avoir de but, sans penser à eux-mêmes ou au temps. Les adultes ne perdent pas véritablement cette capacité, celle-ci est simplement enfouie profondément. Cette capacité évoque un état de liberté intérieure étroitement liée à la créativité. Il s'agit de la capacité à improviser, dont se nourrit la créativité. « Les moyens d'accéder à cette énergie n'ont rien de mystérieux : de l'exercice physique, bien manger et bien dormir, poursuivre ses rêves, méditer, goûter les plaisirs de la vie, beaucoup lire, faire de multiples expériences. En cas de blocage, essayer les brise-glace traditionnels : humour, joie, nature », écrit Nachmanovitch. Le pire est que nous connaissons tous ces moyens, mais qu'est-ce qui nous empêche de les mettre en pra-

PEUT-ÊTRE QUE CES CHOSES SIMPLES, MISES EN PRATIQUE DEPUIS DES MILLÉNAIRES, NE SONT PAS ASSEZ « COOL »

tique ? Peut-être que ces choses simples, mises en pratique depuis des millénaires, ne sont pas assez « cool ». Par définition, les religions et les pratiques religieuses sont démodées, mais en dépit de leurs dangers, elles ont engrangé des millénaires de sagesse. Méditer, marcher ou faire un pèlerinage exigent effort et persévérance. Lorsqu'elles deviennent habituelles, ces pratiques produisent de nombreux effets, notamment sur l'approche créative du travail et de la vie personnelle. Mais la méditation ne s'expose pas et n'est pas affaire de mode. Naturellement, il est possible de suivre le langage courant et qualifier de méditation toutes les activités auxquelles on s'adonne avec plaisir, du surf au jogging en passant par le fait de paresser. Dans ce cas cependant, on ne fait que suivre l'idéologie de la publicité. Les représentations de bouddha et les photos tirées de banques d'images représentant de jolies jeunes femmes en train de méditer (le plus souvent dans une posture totalement incorrecte) sont tendance ; mais cette tendance n'est qu'une question d'image. En revanche, s'asseoir tous les matins dans le calme pendant vingt-cinq minutes, compter ses respirations, et maintenir cette pratique pendant des années ne peut être une question de mode. Cette pratique n'incite pas à la consommation, dans la mesure où vous n'avez besoin de rien d'autre qu'un coussin. Selon les Tibétains, se concentrer sur sa respiration est toujours bénéfique : le souffle est là quoi qu'il arrive, et il ne coûte rien. La pratique est indispensable pour développer sa capacité de concentration, supporter la solitude nécessaire et trouver la patience afin d'offrir à l'intuition l'espace dont elle a besoin. Le maître zen et musicien punk Brad Warner affirme ouvertement que la méditation assise est ennuyeuse. Tout au moins au début. Mais il ajoute : « Et sois assuré que, par le fait de t'asseoir ainsi et de regarder les murs blancs, tu peux tout transformer. Tout. Ce n'est pas une métaphore. Ni une exagération. Mais un fait. » L'énergie et le calme nécessaires à une appréhension créative de la vie et du travail ne se trouvent pas à l'extérieur de nous. Enfants, nous avions cette formidable énergie pour jouer, apprendre et avoir des idées. Il ne nous faut qu'un peu de courage et d'ambition, ainsi que cette pratique sur le long terme, pour retrouver cette capacité. Stephen Nachmanovitch le résume bien : « La formule de la créativité est simple. Découvre ce qui te pèse, et débarrasse-t'en, comme on s'allège d'une valise que l'on a trop longtemps portée. Quand nous sommes libres et que rien ne peut nous inquiéter [...], alors la création qui se trouve en nous, quelle qu'elle soit, advient, de façon naturelle et simple. »

DÉCOUVRE CE QUI TE PÈSE, ET DÉBARRASSE-T'EN, COMME ON S'ALLÈGE D'UNE VALISE QU'ON A TROP LONGTEMPS PORTÉE

S. NACHMANOVITCH

Quand bien même nous appréhendons la créativité comme un cheminement susceptible de changer la totalité de notre vie, notre quotidien professionnel, avec ses devoirs et ses contraintes, semble entraver ce cheminement. Le bureau moderne, dans lequel travaillent (et sont contraintes de travailler) de nombreuses personnes semble l'opposé du cadre propice à la créativité. Impossible de changer en un tour de main le monde du travail. À mon sens, cela n'est pas non plus nécessaire, parce que tel qu'il est, il a aussi un sens. Quiconque s'intéresse aux méthodes spirituelles sérieuses ne peut faire autrement que se familiariser par la pratique avec ses états mentaux et émotionnels. Il lui suffit d'aménager un peu de temps dans son emploi du temps quotidien, un quart d'heure avant le petit déjeuner par exemple. Cela ne présente aucun problème, ou alors uniquement un problème imaginaire. Et cette première familiarisation à la pratique de la méditation suffit à modifier peu à peu le quotidien professionnel, par le biais de très petites interventions, qui se révèlent néanmoins efficaces. Ces stratégies visant à rendre le travail supportable et à créer de l'espace ont existé de tout temps. Si aujourd'hui le cadre n'est pas propice à la créativité, il nous faut le changer. Aujourd'hui, nous avons plus de liberté pour le faire qu'à tout autre période de l'histoire. Il nous suffit de créer de petits îlots pour voir toute la géographie changer.

IL NOUS SUFFIT DE CRÉER DE PETITS ÎLOTS POUR VOIR TOUTE LA GÉOGRAPHIE CHANGER

6

UNE TASSE DE THÉ

1

LES VACANCES DE L'ÂME

Les fans de la série *Mad Men* apprécient l'humour et le style du quotidien d'une agence publicitaire dans les années 1960. Y sont mises en scène toutes les nostalgies de la culture rétro : les femmes portent des robes et des talons hauts, leur vernis à ongle est impeccable, tout comme leur rouge à lèvres ; les hommes sont toujours en costume et chemise blanche. Les univers masculin et féminin sont clairement séparés, aussi bien dans la sphère privée que dans la sphère professionnelle. Le mariage n'est pas l'expression de l'amour idéal, mais plutôt un ajustement bourgeois dans lequel les liaisons sont la règle. Aucun des protagonistes n'est obsédé par son smartphone, ne twitte, ni ne publie sur Facebook. Dans cette fiction, les collaborateurs de l'agence connaissent le stress, mais il n'y a pas de place pour le *burn-out*. La culture du travail est trop conviviale et les jeux de séduction trop dominants. Ces deux aspects empêchent qu'un protagoniste ne s'identifie trop à son travail. Ce qui saute aux yeux aujourd'hui, c'est que la santé physique n'est pas importante. Dans les années 1960, beaucoup considéraient les mises en garde contre les dangers de la cigarette comme pure spéculation. Les héros ne font pas de sport et ne cherchent pas à atteindre un poids idéal. Dans toute la série, il n'y a presque pas de scène où l'alcool, la cigarette et le café ne seraient les fidèles compagnons du quotidien au bureau. Lorsque l'on considère la culture du travail des années 1960, il ne s'agit pas d'une exagération, mais bel et bien d'un fait.

Aujourd'hui, au contraire, il n'est pas de réunion sans eau minérale (une boisson incontestablement saine et alliée de la minceur). Cependant, la culture du travail effrénée de l'époque postmoderne est à peine plus saine que celle des lendemains de la Seconde Guerre mondiale. Les statistiques de la santé ne laissent pas de place au doute. Comme est-ce possible ? Le culte actuel de la santé se concentre principalement sur les aspects physiques : bien entendu, l'eau minérale, l'alimentation équilibrée et le sport sont plus sains que la cigarette, le café et le whisky. Mais les aspects psychiques sont souvent laissés de côté. Fumer nuit certes à la santé physique, mais permet d'introduire dans la journée de travail quantité de courtes pauses qui font baisser considérablement le niveau de stress. Nous pouvons au maximum nous concentrer quarante-cinq minutes d'affilée, et aujourd'hui, nous ne faisons généralement pas assez de pauses. À moins qu'il ne s'agisse justement de fumeurs stressés, les fumeurs soignent leur psyché au détriment de leur corps. Il en va de même pour l'alcool : combien d'anniversaires de collègues ne se fêtent-ils pas le midi autour d'un verre ? Dans les pays où la table est un art, le verre de vin du déjeuner diminue le niveau de stress de l'après-midi. Psychologiquement, rien d'étonnant à cela : l'alcool a un effet anxiolytique. L'un des dangers réside dans l'abus.

NOUS POUVONS AU MAXIMUM NOUS CONCENTRER QUARANTE-CINQ MINUTES D'AFFILÉE, ET AUJOURD'HUI, NOUS NE FAISONS GÉNÉRALEMENT PAS ASSEZ DE PAUSES

Derrière nombre de problèmes d'alcool se cachent en fait des troubles anxieux. Si le vin en France, en Italie ou en Espagne est habituel à l'heure du déjeuner, il doit être consommé avec modération. Le vin, en particulier rouge, peut être bénéfique pour le corps et l'esprit à raison d'un ou deux verres par jour, mais il devient une drogue destructrice quand on le consomme en grande quantité. À l'heure actuelle, dans le monde du travail, l'alcool continue d'être un tabou et dans beaucoup de branches, il est cause de licenciement. Mais sous l'influence d'une juste dose d'alcool, les choses sont plus légères, comme dans l'univers fictif de *Mad Men*. Il existe même un mouvement qui réclame que l'on « sauve le verre de vin du midi » ! Chacun sait que les jours où l'on a fêté l'anniversaire d'un collègue autour d'un petit verre se déroulent différemment. On pourrait penser que sous l'influence de l'alcool et des pauses, les salariés travaillent moins, car l'ambiance est alors plus décontractée. Cependant, il ne faut pas oublier qu'il y a cinquante ans, le temps de travail hebdomadaire était plus élevé et qu'il y avait moins de jours de congés. En outre, la pression et les contrôles étaient réduits. Les gens étaient occupés à travailler et n'étaient pas en plus évalués et contrôlés en permanence. De même, les arrêts maladie et les psychopathologies liées au travail étaient moins nombreux. Les cas de *burn-out*, d'anxiété et de dépression augmentent depuis cinquante ans. Si l'on considère les jours de congés et d'arrêts maladie sur un an, on constate qu'avant on travaillait plus, plus longtemps et aussi dans de meilleures conditions. On ne produisait pas moins, mais on avait justement moins de pression psychologique. Il est difficile de trouver une position claire : devrait-on aujourd'hui recommencer à conseiller de boire un verre de vin le midi ? Le plaisir cultivé de l'alcool doit-il au contraire rester un tabou, car les risques sont trop importants ? Avant de trancher, laissons les entreprises faire le test. Les années 1960, pendant lesquelles se déroule la série *Mad Men*, n'étaient pas plus pauvres en innovations et en découvertes capitales que notre époque actuelle, chaotique et postmoderne. Quelle conclusion faut-il en tirer ?

2

TOUJOURS, PARTOUT ET TOUT DE SUITE

Nous vivons dans une culture postmoderne du temps. Ceci est à la fois une bénédiction et un problème. L'ordre bourgeois, étroit, du temps et du travail s'est vu remplacé par les contraintes d'une organisation personnelle constante et souple. Dans la majorité des métiers créatifs, pour celles et ceux qui n'ont pas d'enfant, l'organisation du temps est devenue une affaire personnelle. Celui qui veut travailler le dimanche ou la nuit est libre de le faire, et celui qui préfère aller au parc lorsqu'il fait beau peut le faire à son gré. Celui qui fait la fête le soir peut se lever tard. Inversement, celui qui a beaucoup de travail peut se coucher tard. Qui gère ainsi son temps et n'est responsable de personne d'autre que de lui a bien plus de temps libre que toutes les générations précédentes. De nos jours coexistent des organisations du temps radicalement différentes, si bien que les générations et les groupes professionnels ne semblent pas vivre sur la même planète. Dans les grandes villes, il n'est pas rare que les cafés servent le petit déjeuner jusqu'à 17 heures, par exemple pour les personnes qui travaillent dans les bars ou qui sortent toute la nuit et ne se couchent que vers 9 heures. À cette heure-là, les personnes qui ont des enfants sont souvent debout depuis plus de trois heures. Lorsque, le matin, je vais chez le boulanger avec ma fille dans sa poussette, je rencontre des gens qui sortent de soirée, je vois des bureaux dans lesquels la journée de travail se poursuit ou a déjà commencé, et je rencontre des personnes qui vont au bureau ou se rendent à un festival. De plus en plus, ces différences conduisent à des conflits, car l'on ne sait plus ce que l'on peut attendre des autres. « Le bon moment, selon les convenances sociales, n'existe plus, il n'y a plus non plus de mauvais moment », écrit le chercheur Karlheinz Geißler. « Le mot d'ordre de cette culture postmoderne est : tout, tout de suite et n'importe où. » Les *digital natives* s'impatientent dès que leurs amis restent injoignables trop longtemps via les divers moyens de communication. Les clients, collègues et supérieurs hiérarchiques appellent aujourd'hui sur des portables privés, passent par Facebook et autres réseaux qui relèvent de la sphère soit personnelle soit professionnelle. La ponctualité est aujourd'hui largement abolie par le téléphone portable. On convient d'une plage horaire, on évite l'incompatible au profit du consensus. Dans le contexte professionnel, ceci représente un défi majeur : d'un côté, il faut tenir compte de la hiérarchie ; de l'autre, l'organisation temporelle personnelle doit être en partie compatible avec les besoins de l'autre. C'est en général une nécessité intérieure qui nous pousse dès le réveil ou dès l'arrivée au bureau à lire nos e-mails.

DE NOS JOURS, COEXISTENT DES ORGANISATIONS DU TEMPS RADICALEMENT DIFFÉRENTES, SI BIEN QUE LES GÉNÉRATIONS ET LES GROUPES PROFESSIONNELS NE SEMBLENT PAS VIVRE SUR LA MÊME PLANÈTE

De façon générale, le temps ne structure plus ni l'existence ni le travail, comme c'était le cas au Moyen Âge, par exemple. On vivait alors selon les saisons, l'alternance des jours et des nuits, on respectait le calendrier chrétien avec ses dimanches et ses jours fériés. L'être humain n'avait alors pas à se soucier de ces questions, et cet ordre prédéterminé valait pour tous. L'homme était lié au rythme de la nature et à l'ordre divin. Dans le monde occidental actuel, ceci est quasi inconcevable. Nous avons l'impression de gagner beaucoup de temps, car le progrès nous épargne bon nombre de corvées. Cependant, le processus d'accélération moderne engendre un paradoxe : « gagner toujours plus de temps (grâce à des appareils et à la technologie), et cependant (ou donc ?) en avoir toujours moins », écrit le philosophe Christian Dries. Nous sommes aujourd'hui confrontés à un monde professionnel sans temps de pause. Pour les créatifs, le professionnel se confond avec la vie en général. Pour ceux pour qui le travail créatif est vital, il n'y a pas lieu de s'inquiéter. Mais la jeune génération postmoderne souffre de certaines maladies, et en particulier de cette culture professionnelle où l'on n'a pas le temps de reprendre son souffle. Pour beaucoup de gens, qui se donnent corps et âme à leur travail, l'oxygène vient alors très rapidement à manquer. Pourquoi ?

3

GAGNER DU TEMPS POUR TRAVAILLER PLUS

Comme le temps est ressenti par beaucoup comme une pression, que ce soit dans la sphère privée ou au travail, les méthodes de gestion du temps se sont popularisées. La plupart viennent de cette Amérique pragmatique et ne reposent sur aucune théorie. Il s'agit en général de se fixer des objectifs exigeants mais accessibles. On les met sur papier en début ou en fin de journée pour pouvoir ensuite les rayer. On les liste en les classant par priorité. On commence la journée de travail par les tâches importantes et non par des broutilles. Comme nous nous dispersons souvent lorsque nous procédons selon notre intuition, ces quelques minutes d'organisation journalière nous permettent effectivement de gagner du temps. Néanmoins, ces méthodes de gestion du temps ne parviennent pas à empêcher les effets de la pression du travail. Nous utilisons le temps dégagé pour travailler plus. Ces méthodes servent en fait à l'optimisation. Elles augmentent la productivité et l'intensité du travail sans en réduire la durée. Un problème plus profond vient du fait que nous ne pouvons pas mettre le travail de côté et nous convaincre que le stress vient d'une charge extérieure. Les exigences du monde du travail sont élevées, là n'est pas la question. Cependant, les facteurs internes de stress pèsent peut-être plus lourd. En outre, il est difficile de les éliminer en rationalisant grâce à un processus de planification. Malgré tout, la mise en œuvre de ces méthodes de gestion du temps est un plus. En planifiant le matin, même rapidement, notre journée pour en avoir une vue d'ensemble, nous travaillons de façon plus méthodique. Et peu importe si les choses ne se déroulent pas comme prévu, ce n'est que l'expression de la confrontation avec la réalité. La planification et l'optimisation du temps vont de pair avec la conception traditionnelle de progrès, d'amélioration et d'optimisation rationnelle. Mais nous sommes arrivés depuis longtemps aux limites de cette forme de croissance. Aujourd'hui, les méthodes provenant d'autres contextes culturels sont plus utiles. Elles ne servent pas à optimiser le travail mais à l'interrompre. Peut-être vont-elles même jusqu'à changer la culture professionnelle dans son ensemble. Personne ne souhaite le retour de l'alcool et de la cigarette au bureau. Mais si l'on considère ce monde professionnel qui rend psychiquement malade, on est en droit de se poser la question de ce qui pourrait les remplacer. Comment réintroduire de petits temps de pause en lien avec un plaisir gustatif, qui pourraient nous permettre de reprendre notre souffle ? Sur ce point, les méthodes de gestion du temps n'apportent aucune réponse. Il faut chercher du côté de la culture du thé, qui occupe une place importante dans les traditions asiatiques. Si elle parvenait à entrer dans le quotidien professionnel des créatifs, nous pourrions alors appréhender le stress postmoderne tant extérieur qu'intérieur.

UN PROBLÈME PLUS PROFOND VIENT DU FAIT QUE NOUS NE POUVONS PAS METTRE LE TRAVAIL DE CÔTÉ

4

LA PAIX DANS UNE TASSE DE THÉ

Dans un célèbre dialogue bouddhiste, le maître zen répond aux lourdes questions philosophiques de ses disciples par cette phrase : « Va boire le thé. » Avant d'appréhender les aspects spirituels des cultures asiatiques, il faut comprendre la place que le thé y occupe traditionnellement. « La philosophie du thé n'est pas une simple esthétique dans l'acception ordinaire du terme, car elle nous aide à exprimer, conjointement à l'éthique et à la religion, notre conception intégrale de l'homme et de la nature », écrit Okakura Kakuzo, en 1906, dans son *Livre du thé*. Il ne faut donc pas comparer le « théisme » avec le café qui domine en Europe. Certes, il est célébré dans les prestigieux cafés viennois, mais il n'est pas un élément de la culture quotidienne, qui allie spiritualité et plaisir. « On se rend au café lorsque l'on veut être seul, mais que pour cela, on a besoin d'être en société », écrit Alfred Polgar à propos du célèbre Café Central.

Au Japon, la cérémonie du thé a vu sa forme se fixer au XVIe siècle. Elle représentait une sorte de mouvement pour la paix en des temps belliqueux. L'entrée dans la maison de thé se fait par une petite ouverture. Ceci contraignait les fiers guerriers à poser leurs sabres et à s'agenouiller afin d'y pénétrer. Là, il n'était plus question de différences liées au sexe ou à la classe sociale. Selon Okakura Kakuzo, les rituels des maîtres du thé ont influencé non seulement l'art et l'esthétique, mais aussi l'ensemble du mode de vie. Le maître du thé Sen no Rikyû donna à la cérémonie du thé la forme qu'elle a encore aujourd'hui. C'est ainsi qu'il résume ce rituel : « Le sens de la cérémonie du thé est de faire bouillir de l'eau, de préparer le thé et de le boire. Rien de plus. » C'est justement dans cette simplicité que réside tout le secret de la culture du thé : le retour à l'essentiel. Dans sa forme quotidienne moins stricte, la préparation méticuleuse du thé sert à introduire de courtes pauses dans notre quotidien agité. Au-delà de la nicotine et de l'alcool, le thé est une façon de rendre notre quotidien supportable. « On boit le thé pour oublier le bruit du monde », dit un proverbe chinois.

FAIRE BOUILLIR DE L'EAU, PRÉPARER LE THÉ ET LE BOIRE. RIEN DE PLUS

SEN NO RIKYÛ

5

LES BIENFAITS DU THÉ

La multitude des thés provient d'une seule et même plante, la *Camellia sinensis*. Il en existe trois espèces, dont les feuilles servent à produire le thé vert, noir et Oolong (ou Wulong). Les plus prisées viennent de Chine, d'Inde et du Japon. Des textes littéraires ont été écrits sur le sujet en Asie depuis des siècles et constituent un genre littéraire à part entière. À l'origine, le thé était médicinal, ce qui explique le nombre de légendes à propos de ses bienfaits pour la santé. Si la plupart se sont avérées, elles dépassent aujourd'hui les résultats, en particulier en ce qui concerne les vertus curatives du thé vert.

Le thé a un double effet. C'est un excitant, de par la caféine qu'il contient. Son action n'est pas la même que celle du café, car leur composition chimique diffère. Dans le cas du café, la caféine agit directement sur le cœur et la circulation sanguine. Ce coup de fouet est d'ailleurs aussi court que brusque. Le thé, quant à lui, stimule le système nerveux central de façon continue. Grâce aux tanins qu'il contient, le thé noir apaise également les organes internes. C'est en particulier le cas des thés noirs d'Assam. Leurs temps d'infusion plus longs développent cet effet. « Le thé favorise la clarté de l'esprit, ainsi que l'inspiration. Ce sont les raisons pour lesquelles les moines et les poètes l'apprécient particulièrement. Certains vont même jusqu'à dormir sur un oreiller en thé », écrivent Carla Sternberg et Hu Hsiang-fan, qui dirigent Le pont de bambou, une école de thé chinoise à Stuttgart. Dans les pays chauds d'Orient, on boit du thé. S'il réchauffe sur le coup, il sert également à refroidir le corps. L'énergie est alors utilisée par l'organisme pour réduire la température du thé qui vient d'être ingéré. Lorsque l'on mesure la température cutanée, on constate en effet que celle-ci a baissé.

Au Japon, on remarque qu'il y a beaucoup moins de décès liés au cancer dans les zones où l'on cultive le thé. Ce constat a conduit à de nombreuses analyses, qui ont confirmé cet état de fait. Le nutritionniste Oguni Itaro est convaincu que « les catéchines, en particulier, ont des effets à la fois préventifs et inhibiteurs contre l'apparition des cellules cancéreuses. » Ces substances limitent l'augmentation du cholestérol et des taux de glycémie, elles tuent les bactéries responsables de caries et les virus de la grippe. Le thé vert contient des fluorures bons pour les dents ainsi que des vitamines C et B.

6

PRÉPARER LE THÉ

Nombreuses sont les personnes qui évitent de boire du thé. En effet, elles n'en ont souvent rencontré que des formes de mauvaise qualité, aromatisées ou mal préparées. Lorsque l'on oublie un sachet de thé bon marché dans un thermos et que l'on boit ce liquide chaud trois heures plus tard, même le lait et le sucre ne sont d'aucun secours. Puisque le bouddhisme zen a influencé la culture du thé, la préparation du thé ne cherche pas la perfection. Il en va de même en art et dans le design. « Il n'existe pas plus de recettes pour préparer un thé parfait qu'il n'existe de règles pour produire un Titien ou un Sesson. Chaque façon de préparer les feuilles possède son individualité, ses affinités spéciales avec l'eau et avec la chaleur, ses souvenirs héréditaires, sa manière propre de conter. La vraie beauté doit y résider toujours », écrit Okakura Kakuzo dans son *Livre du thé*. Si vous investissez le temps nécessaire et dès que vous serez rodé, la préparation quotidienne d'un bon thé ne sera pas un grand défi — vous remarquerez cependant toujours la différence de goût.

Le bon thé s'achète en magasins spécialisés, car il n'y a que là que vous obtiendrez toutes les informations nécessaires. On vous conseillera et, bien souvent, on vous fera même goûter. En règle générale, la température de l'eau et le temps d'infusion sont indiqués sur l'emballage. La règle veut que l'on boive le thé sans lait ni sucre. Les thés noirs se préparent avec de l'eau bouillante et infusent entre une et cinq minutes. L'infusion des Darjeelings à grandes feuilles dure entre une et trois minutes, et deux à trois minutes pour les thés d'Assam, noirs et brisés. Selon la méthode chinoise, il n'est pas nécessaire de parfumer d'avantage (on peut toutefois ajouter des fleurs de jasmin ou de cerisier). Pour les thés verts et Oolong, le temps d'infusion et la température de l'eau varient. Bon nombre de thés verts ont besoin d'une eau entre 70 et 80 °C et infusent entre une et deux minutes. Il faut donc un thermomètre pour contrôler la température de l'eau avec précision. Si l'on utilise plusieurs fois les mêmes feuilles, les temps d'infusion raccourcissent. Il faut boire le thé dès que vous avez terminé de le préparer, n'attendez pas.

7

L'ART DE BOIRE LE THÉ

Pour préparer le thé comme il convient et le déguster, vous avez besoin de temps et de calme. Cette petite cérémonie de tous les jours sert à interrompre le travail. La préparation du thé peut même être le moment de s'exercer à la pleine conscience. Respectez alors l'ancienne règle du maître de thé : « Commence par faire bouillir de l'eau, ensuite prépare le thé, puis bois-le. » Pour nos esprits agités, ne faire qu'une chose à la fois signifie détente et exercice. Dans ses *Notes à propos du thé*, Xu Ci Shu liste, en 1597, les moments propices à la dégustation du thé : « Lorsque l'on est agité » et « lorsque l'on a lu ou écrit trop longtemps ». Le travail intellectuel est épuisant. Ainsi, faire une courte pause pour se revigorer grâce à un thé permet de retrouver des forces et de prendre du recul. Comme moments contre-indiqués à la consommation du thé, Xu Ci Shu précise « pendant le travail » et « pendant la lecture et l'étude », mais aussi « lorsque l'on se trouve sous contrainte ou pression » ou encore « pendant la rédaction de courriers ». Adaptons ces indications issues d'un autre temps. Pendant le travail, il ne faut pas boire rapidement de boissons excitantes. Malheureusement, le café s'est imposé comme le compagnon permanent et stimulant de nos moments de stress. Au contraire, boire du thé devrait être le moyen d'interrompre toutes les activités professionnelles, qu'il s'agisse de lire, de rédiger des e-mails, de retravailler des images ou de créer une maquette !

Ainsi, dans ces petites cérémonies du thé quotidiennes, il s'agit non seulement de boire du thé, mais aussi de lâcher prise sur le travail, même pour un court instant, même si ce n'est qu'une pause. Ce n'est pas un hasard si quelque chose d'aussi banal que faire une pause thé est capable de donner une autre couleur à toute une journée de travail. « L'idéal entier du théisme est l'aboutissement de la conception zen, touchant la grandeur que comportent les plus petits incidents de la vie », écrit Okakura Kakuzo. Si vous interrompez ne serait-ce que deux fois vos journées stressantes pour prendre vingt minutes afin de préparer et de boire le thé dans le calme, vous remarquerez que ces petites pauses ont un énorme impact sur votre santé, la qualité de votre concentration et, en définitive, sur votre créativité.

En japonais, les personnes « insensibles au tragicomique de l'existence individuelle », qui prennent donc tout trop au sérieux, sont appelées « êtres en manque de thé ». « Et l'on flétrit, au contraire, l'esthète grossier qui, indifférent à la tragédie mondaine, s'abandonne sans mesure, en toute liberté, au courant de ses émotions, en disant qu'il a trop de thé », écrit Okakura Kakuzo. Il s'agit donc de trouver le juste dosage.

Lorsque les maîtres zen répondent simplement « Va boire le thé » à la question de ce qu'est un esprit clair et sans entraves, ils nous donnent un indice sur l'immense signification du quotidien. Il est l'habituel, il n'a rien de particulier. Il se déroule, tout simplement, sans bande-son dramatique. Ce qui nous stresse jusqu'à nous rendre malades a forcément une grande importance, car nous sommes persuadés que le monde en dépend. Le futur nous fait peur, le présent ne nous satisfait pas et notre passé nous met en colère. Nous sommes en rupture avec nous-mêmes, car nous avons l'impression de ne pas être créatifs, d'être ignorants, de ne pas faire assez de sport, d'être laids ou fainéants. À l'extrême opposé de cette échelle, on trouve le complexe de supériorité, l'égocentrisme et le narcissisme. Chacun doit trouver son juste milieu. Là tout est calme et mesuré. Dans l'une de ses conférences, la maîtresse zen Joko Beck explique qu'« il n'y a rien d'autre que la vie quotidienne ». Nous sommes capables d'inventer des variantes de l'adage « rien ne vaut le travail quotidien » lorsque nous ne voulons plus séparer le travail de création et la vie créative. Cependant, il semble que nous l'oubliions souvent, car la créativité est quelque chose d'important. Mais elle s'inscrit dans la vie de façon générale, même si pour certains elle occupe une place importante. Elle peut même être au centre de l'existence. Mais même dans ce cas, il ne faut pas oublier que la vie est courte et fugace. Afin de ne pas l'oublier sous la pression des défis, nous devons apprendre à nous arrêter. La meilleure réponse aux questions concernant un art du travail est donc :

CE QUI NOUS STRESSE JUSQU'À NOUS RENDRE MALADES A FORCÉMENT UNE GRANDE IMPORTANCE, CAR NOUS SOMMES PERSUADÉS QUE LE MONDE EN DÉPEND

▲

Va boire le thé !

L'ART D'UNE VIE CRÉATIVE
est édité par Pyramyd NTCV, 2015
www.pyramyd-editions.com

ÉDITION FRANÇAISE
Céline Remechido
et Christelle Doyelle,
assistées de Mathilde Blanchard
TRADUCTION
Laurence Richard
CORRECTION
Maud Foutieau
DESIGN
Katrin Schacke

ISBN 978-2-35017-359-7
Dépôt légal : 2nd semestre 2015
Imprimé en Chine

◆